はじめに

自分が16世紀に生まれたと想像しよう。

職業と将来の大半は、どんな家族のもとに生まれるかによってあらかじめ決定される。成功したければ、国王か司祭か裕福な商人の家系に生まれなければならない。

幸い、そういう時代は過ぎ去った。

私たちはアイデアの時代に生きている。企業はすぐれたアイデアによって繁栄するか、それがないために衰退するか、ふたつにひとつである。

マイクロソフトやウォルマート、アップル、ホンダといった世界有数の大企業が繁栄しているのは、創業者が生まれた家族の資産や社会的地位によるものではなく、すぐれたアイデアを生みだしたからだ。

自分が生みだすアイデアの量と質を何倍も向上させることができれば、どんな人生が開

けるか想像してみよう。

世界を変えるような事業を始めることができるかもしれないし、大勢の人の生活を変えて歴史に名を残すことになるかもしれない。きっとワクワクする楽しい日々を送ることができるだろう。

1968年、ジョージ・ランドとベス・ジャーマンは、技術者と科学者の創造性を測定するためにNASA（アメリカ航空宇宙局）がおこなっているテストを1600人の5歳の子どもにおこなった。その後、彼らは同じテストを10歳と15歳の子どもにおこなった。その結果、**5歳の時点で子どもたちの98%が天才的な創造性を発揮するが、その割合は10歳になると約30%に低下し、15歳になると10%にまで激減する**ことがわかった。同じテストが大人のグループにもおこなわれたが、天才的な創造性を示したのはわずか2%にすぎなかった。

子どもは非常に高い創造性を持っているが、学校に行くようになると、その創造性は大きく低下する。「ひとつの質問にはひとつの答えしかない」と教えられ、伝統的な社会規範に従うよう指導されるからだ。**天才と大多数の人たちの違いは、子どものころの創造性を維持できるかどうかである。**

朗報を紹介しよう。

あなたはすぐれたアイデアを生みだす能力を飛躍的に高めることができる。

私はこの約10年間、世界屈指の科学者、起業家、経営者、発明家が使っているアイデアを生みだす方法を調査し、その量と質を改善する知恵を集めて綿密に分析した。その結果、お金になる画期的なアイデアを生みだす非常に効果的で実用的な方法を考案した。

本書で紹介する方法をたえず活用すれば、アイデアの量と質を飛躍的に改善できることを約束しよう。

実際、私のセミナーの受講生たちがこの方法を活用するようになって以来、生みだしたアイデアの量と質がかなり改善した。多くの人が新規事業を立ち上げたり、既存事業の収益を増やしたりして成功を収めた。

本書で紹介する方法を真剣に受けとめ、すぐに実行すれば、人生は必ずうまくいく。すぐれたアイデアが浮かぶときほど大きな喜びと成功をもたらすものはあまりない。
準備はできただろうか。では、始めよう。

アンドリー・セドニエフ

The Business Idea Factory
A World-Class System for Creating
Successful Business Ideas
by Andrii Sedniev

STEP 1
アイデア発想は技術である

右脳（潜在意識）と左脳（顕在意識）の働きを比較するために、多くの研究がおこなわれてきた。その結果、**創造的な右脳は分析的な左脳より少なくとも２００万倍も速く機能することがわかった。**

分析的な左脳は判断と批判と心のなかの対話をつかさどり、思っていることを口に出したり考えていることを実行したりするのを制御する。一方、創造的な右脳は新しいアイデアを生みだす機能をつかさどる。

ジョンズ・ホプキンズ大学のチャールズ・リム教授は、ジャズミュージシャンとラップアーティストに即興で作曲するよう依頼した。

彼らが演奏しているあいだ、リム教授は彼らの脳のさまざまな部位の活動を測定した。

創造的な作業をしているとき、分析的な思考と判断をつかさどる左脳は平常よりずっと低い活動を示した。右脳は創造性を伴うすべての活動をつかさどり、数秒以内に膨大な量の情報を処理することができる。

顕在意識はアイデアを生みだすうえで役に立たないだけでなく、潜在意識が作業するのを妨げてしまう。**アイデアを生みだす達人になるためには、分析的な左脳のスイッチを切り、創造的な右脳に考えさせる方法を学ぶ必要がある。**

アイデアを効果的に生みだしたいなら、左脳を働かせる活動を避ける必要がある。なぜなら、左脳は潜在意識を阻害するからだ。

課題について考えるとき、3つのルールを肝に銘じよう。すなわち、**「判断しない」「批判しない」「心のなかで対話をしない」**である。

ウォルト・ディズニーの3段階の思考戦略

ウォルト・ディズニーは20世紀で最も豊かな創造性を持つ一人で、アイデアを生みだす技術を駆使し、世界最大級の総合エンタテイメント企業をつくり上げた。あまりにも奇抜で実行不可能に見える幻想的なアイデアを思いつき、それを現実にする方法を考え、最後にそれを検証した。

新しいアイデアを生みだすプロセスで、ウォルトは自分の思考を3段階に分けた。すなわち、**「空想家」「現実主義者」「批評家」**である。

まず、**「空想家」**として独創的なアイデアを生みだそう。限界はないから、想像力はあなたをどこへでも連れていく。

自分が魔法の杖を持っていて、なんでもできると想像しよう。空想家にとって、猫は空を飛び、家はアイスクリームでつくられ、テレビはダンスをする。

この段階での目標は、できるだけ多くのアイデアを書きとめることだ。斬新なアイデアであればあるほどいい。「空想家」になっているあいだは分析的な左脳のスイッチを切っておこう。アイデアを判定し検証することは、創造的な右脳を阻害するからだ。アイデアを判定し検証する機会はあとでいくらでもある。

次に、**「現実主義者」**として「このアイデアを現実にするにはどうすればいいか?」という質問に答えよう。この段階では、アイデアをそのまま採用するかマーケットに合わせるために修正するかを決める。

たとえあとでそのアイデアを捨てることになっても、まずそれを現実的にするために、**どうすれば他のアイデアと組み合わせられるかを熟考する**必要がある。判定する前に、一つひとつのアイデアにチャンスを与えよう。

最後に、**「批評家」**として自分のアイデアに潜んでいる欠陥を見極めよう。なぜそれがうまくいかないのか? このアイデアを実行すると、どんな問題や困難が発生する可能性があるか?

最も大切なのは、「空想家」と「現実主義者」になったあとで、初めて自分のアイデアを判定し検証することである。

大多数の人が「空想家」の段階で自分のアイデアを判定するので、アイデアを生みだすプロセスを阻害するだけでなく、そのアイデアをあまりにも早くつぶしてしまっているのが実情だ。

たいていの場合、**アイデアは最初のうちは奇抜に見えるかもしれないが、少し修正したり他のアイデアと組み合わせたりするとビジネスを成功に導く可能性がある。**

1943年、エドウィン・ランドは3歳の愛娘の写真を撮った。すると、その娘は「撮った写真をすぐに見ることはできないの?」と尋ねた。彼はそのアイデアを現実にする方法について考え、4年後、ポラロイドカメラの第1号を発表した。

もし彼の娘が写真はすぐにでき上がらないことを知っていたら、あるいは彼が娘のアイデアを無視していたら、ポラロイドカメラが登場することはなかっただろう。

アイデアについて考えるとき、「空想すること」と「判定すること」をつねに区別しよう。このふたつのプロセスはあまり相性がよくない。

このシンプルな思考戦略はあなたが生みだすアイデアの量と質に劇的なインパクトを与える可能性がある。

アイデアは才能の問題ではない

「人生に最大の影響を与えた出来事は何か?」と尋ねられたら、私は「ニューヨークの空港でジェームズと会話したこと」と答える。

ジェームズはロビーで私の隣に座り、ノースカロライナ行きのフライトを待っていた。私たちはごく普通に会話を始めた。ジェームズは複数のIT企業を1億ドル以上でうまく売却したという。

しかし、もっと印象に残ったのは、彼がそれだけ多くの資産を持っているのにエコノミークラスを利用していて、自分が億万長者であることをひけらかさない服装をしていたことだ。

私はこう言った。

「ジェームズ、君の起業家としての才能がほんとうにうらやましいよ。僕は子どものころからずっとマイクロソフトのような会社を立ち上げることを夢に見てきたけれど、お金になる画期的なアイデアを生みだす才能が自分にはないことに気づいた」

ジェームズは私を見てほほ笑みながら、「いったいどうしてそんな結論に達したんだい？」と尋ねた。

「ジェームズ、子どものころから起業家になりたかったけれど、ビル・ゲイツほどの金持ちで有名人になれるほどの大きなアイデアを思いつくことができなかったからさ。1年前、部屋に閉じこもって大きなアイデアが浮かんでくるのを待ち、起業家になるのをあきらめるまでずっと考えてみようと決意したんだ。

18時間連続で壁を見つめながら考え、天井を見つめながら考え、部屋のなかをうろうろしながら考えたが、画期的なアイデアが浮かんでこなかったので、子どものころの夢をあきらめたよ」

「アンドリー、君は知らないかもしれないが、ビル・ゲイツはマイクロソフトを立ち上げる前に、道路の交通量を調査する測定器を製造販売するトラフ・オー・データという会社を設立したんだ。あまり成功を収めなかったが、この経験は彼がマイクロソフトを立ち上げるのにとても役立ったんだよ。

僕自身、最初の会社を立ち上げたときは赤字に陥り、次の会社を立ち上げたときは最低賃金の仕事より少ない収入しか得られなかった。しかし、もしこのふたつの会社がなかったら、3つめの会社を立ち上げるための経験と知識を得ることはできなかったと思う。そのおかげで、この会社は4千万ドル以上で売却することができたんだ。

いきなり画期的なアイデアを思いつこうとしないほうがいいよ。壁を見つめながらそんなアイデアを思いつく確率は、宝くじに当たる確率よりも低いからね。どんなアイデアでもいいから実行に移せばいい。そうすれば、そのプロセスでよりよいアイデアが次々に浮かんでくる。**すぐれたアイデアは人生経験をもとに生まれてくるから、それを得るには積極的に何かをすべきだ**」

ジェームズと交わしたこの短い会話は、起業に対する私の姿勢を変えた。彼と出会わなかったら、私は自分の会社を立ち上げ、受講生がすぐれたアイデアをどんどん生みだして成功するのを見て喜ぶことはなかったかもしれない。

この数年間、私は多くの人からこう言われてきた。

「あなたの起業家としての才能をうらやましく思う。私も自分の会社を立ち上げたいのだけれど、十分な資金がないし、お金になる画期的なアイデアが浮かんでこない」

そして、そのたびに私はこう答えてきた。

「思いついたなかで最高のアイデアを手持ち資金ですぐに実行に移せばいい。そのプロセスで、宣伝する方法、販売する方法、他の人たちと共同作業をする方法、アイデアを生みだして問題を解決する方法を学ぶことができる。いったんほんとうに画期的なアイデアを思いついたら、それを成功させるだけの知識と経験をすでにもち合わせているのだから」

100ドルを稼ぐ方法を1時間考える

アイデアを生みだすための私の好きなエクササイズのひとつを紹介しよう。これはすぐれたアイデアを次々と生みだすのに役立つ。もしかすると、大成功をもたらすアイデアが含まれているかもしれない。

100ドルを稼ぐ方法を1時間考えてみよう。このエクササイズでは世界を変えたり億万長者になったりする方法について考える必要はない。100ドルを稼ぐためのアイデアをできるだけたくさん生みだしさえすればいいのだ。

このエクササイズが終わったら、いちばん好きなアイデアを選んで、それを実行することを自分に約束しよう。

アイデアは一度実行してみれば、それがうまくいくかどうか、自分の力だけでやりとげられるかどうか、アウトソーシングすればなんとかなるかどうかがわかる。

このエクササイズはとても簡単で、やってみて楽しく、大成功をもたらす可能性がある。**「人生を変える大きなアイデアを生みださなければならない」と思いつめると潜在意識は麻痺しやすいが、100ドルをもたらすアイデアならすんなりと生みだしてくれる。**

そのなかには成功を収めて大きな利益が得られるものもあるはずだ。

このエクササイズはすぐれたアイデアを次々と生みだすのに役立つが、それはこのエクササイズを頻繁にやる場合に限定される。アイロンをかけ、ジョギングをし、庭いじりをし、行列に並び、会議中に退屈したら、このエクササイズをする絶好の機会である。

STEP 2

潜在意識を働かせる

ある日、ジョギングをするために近所のスタジアムに行った。グラウンドを何周か走っていたとき、「すぐれたアイデアが次々と浮かんでくる日とまったく浮かんでこない日があるのはなぜか？」という質問が脳裏をよぎった。

数分後、私はその理由がわかり、「宇宙よ、大切なことに気づかせてくれて、ありがとう。おかげですぐれたアイデアを生みだす能力が飛躍的に高まりそうだ。きっとこれは私の人生で最大の贈り物に違いない」と思った。

アイデアが次々と浮かぶ日とまったく浮かばない日の違いがわかれば、「そんなのはあたりまえじゃないか」と思うかもしれない。

だが、このシンプルな気づきは、あなたが生みだすアイデアの量と質を格段に改善することができる。実際、この気づきを真剣に受け止めれば、人びとはあなたを天才だと思うだろう。

アイデアが次々と浮かぶ日、あなたは自分に質問を投げかけ、問題について考えるきっかけを脳に与えている。

たとえば、「会社のホームページにもっと多くの来訪者を呼び込むにはどうすればいいか？　他にどんな商品をつくればいいか？　売り上げを伸ばすにはどうすべきか？」といった具合だ。

どんなアイデアが必要かわからなければ、脳は作動せず、潜在意識は働かない。

1960年代、私の祖母は生まれて初めてコンピュータを見た。祖母の兄のユリーは祖母を勤務先の大学のコンピュータ室に連れていき、「アリナ、これが現時点で最高のコンピュータで、ウクライナには数台しかない」と言った。

すると、祖母は「なぜこんな夜中にまだ作業をしている人たちがいるの？」と言った。

「アリナ、この大学には1台しかコンピュータがなく、しかもそれは非常に高価で高性能なんだ。教授と院生が一緒に使っているから、それはいつも作動しているというわけさ」

アイデアを生みだす達人になりたいなら、脳はこのコンピュータと同じようにいつも作動していなければならない。

しかしだからといって、何時間も問題について考えつづけなければならないというわけではない。自分がどんなアイデアを必要としているかを決めて、脳に課題を与えさえすればいいのだ。

一日にたとえ15分でもいくつかの課題について考えるだけで、潜在意識を働かせるきっかけになる。その結果、**ジムで運動をし、友人と昼食をとり、寝ているあいだに、潜在意識は数百万の組み合わせを処理するから、やがて「瞬間的なひらめき」という形で多くの新しいアイデアを得ることができる。**

自分がどんなアイデアを必要としているかを知り、毎日、脳に課題を与えることが、アイデアが次々と浮かぶかまったく浮かばないかを分ける。それはまた、事業で大成功を収めるか経営破綻するかの違いでもある。

眠っているあいだも潜在意識は働きつづける

数年前、私は経営コンサルタントとして会社の説明会を聞いていた。社長が「当社に就職したら、一日に16時間ぐらい働いてもらうかもしれない」と言った。聴衆のなかの一人が「それには睡眠時間も含まれているのですか？」と質問し、会場は笑いの渦に包まれた。

実際、**睡眠時間はアイデアを生みだすための最も生産的な時間になる可能性がある。**ただし、その睡眠時間を適切に活用すれば、の話だ。

眠っているあいだ、潜在意識は日中よりはるかに生産的になる。なぜなら、それは分析的な左脳に邪魔されないからだ。潜在意識をうまく働かせれば、ビジネスを成功に導くすぐれたアイデアを生みだしてくれる。

あなたは「就寝前にどうやって潜在意識を働かせばいいのか？」と尋ねるだろう。

私は高校生のころ、しばしば夜遅くまで数学の問題を解いていた。特定の問題に行き詰まって疲れたとき、ベッドに入った。朝になって目が覚めると、その問題の解き方がひらめくことがよくあった。

就寝の直前に課題について考えるのは「この問題の答えを探しているので、睡眠中に私の代わりにアイデアを生みだしてください」と潜在意識に伝えるようなものだ。

潜在意識はその指令を受け取り、睡眠中にずっと働きつづける。朝になって課題について再び考えると、貴重なアイデアが浮かんでくる可能性が高い。

潜在意識は言葉を話さないが、直観を通じてアイデアを伝える。そのアイデアがどこから浮かんできたかを理解しようとする必要はない。しょせん、それは不可能だ。

あなたはアイデアが浮かんでくることをひたすら期待していればいいのである。潜在意識を信頼し、それがあなたの代わりに働いてくれることに感謝しよう。

シルバメソッド――「グラスの水」のテクニック

「グラスの水」は創造性を高めるための最も効果的なテクニックのひとつである。使い方はきわめて簡単だが、睡眠中にすぐれたアイデアを生みだす能力に奇跡を起こすことができる。

このテクニックの考案者はホセ・シルバで、「シルバメソッド」と呼ばれる数々の心理エクササイズを開発したことで世界的に有名になった。

煮沸していないきれいな水をグラスいっぱいに注ぎ、両手でグラスを持って目を閉じながら45度の角度で斜め上を見よう。

解決する必要のある課題を用意し、「いま抱えている問題に対する解決策を見つけるにはこれで十分だ」と考えながら、グラスに入っている水の半分を飲もう。

そして目を開けよう。水が入ったグラスをベッドの脇に置いて、誰にも話しかけずに寝よう。たいていの場合、睡眠中にヒントか洞察か部分的なアイデアの形で答えを得ることができる。

いったん目が覚めたら、浮かんだすべてのアイデアを書きとめよう。グラスに残っている半分の水を飲み干しながら、潜在意識に感謝するといい。

しかし、満足のいく答えが得られなかったら、目を閉じて少し上を向いて、「いま抱えている問題に対する解決策を見つけるにはこれで十分だ」と考えながら、グラスに残っている半分の水を飲み干そう。問題に対する解決策は日中に浮かんでくるはずだ。

あなたは「グラスの代わりに紙コップでもいいのか？　水を飲みながら別のフレーズを唱えてもいいのか？　水なしでこのテクニックを実行してもいいのか？」と思っているかもしれない。

このテクニックは指示どおり実行したときに最大の効果を発揮する。グラスを使い、所定のフレーズを唱え、アイデアが浮かぶと信じることがきわめて重要だ。**儀式のように厳密に実行しよう。**

私の場合、１００％効果があったし、それを実行した大勢の人にも効果があった。あなたにも効果があるはずだ。


天才的な発明家は、突破口を開くアイデアは睡眠中に生まれることを経験的に知っている。ビジネスを成功に導く創造的なアイデアを必要としているなら、夜遅くまで机の前に座っていてはいけない。

あなたが問題について意識的に考えていないときに潜在意識は無数の思考を処理するから、**潜在意識が最もよく働くのは寝ているとき**である。ベッドに入って、どんな問題を解決する必要があるかを潜在意識に知らせ、朝になって目が覚めたときに浮かんでくる思考をすべて書きとめよう。

STEP 3 自分に質問を投げかける

アイデアを生みだす前に、どの問題について考えるかを決める必要がある。適切な質問を自分に投げかけることがきわめて重要だ。

なぜなら、そうすることが、脳がどんなことを考えるかという方向性と、潜在意識がどんなアイデアを生みだすかを決定するからである。

たとえば、もし19世紀に生きていて、「より速い馬をつくるにはどうすればいいか?」と自分に問いかけたなら、より速い馬の品種を開発するか馬の効果的な調教法を開発するアイデアが得られたかもしれない。

しかし、もし「A地点からB地点により速く移動するにはどうすればいいか?」と自分に問いかけたなら、自動車や電車や飛行機を発明したかもしれない。

質問が多いほど、アイデアを生みだす可能性は高まる

きっとあなたは「過去をふり返れば、どの質問を自分に投げかけたらいいかは簡単にわかるが、まだ解決されていない問題について、どんな質問を自分に投げかけたらいいかはどうすればわかるのか？」と尋ねるかもしれない。

その答えはこうだ。**自分に投げかける質問が多ければ多いほど、適切な質問を見つけて成功するアイデアを生みだす可能性が高まる。**

自分の問題について10分間考えてみよう。答えたいと思う質問のバリエーションを少なくとも10個すぐに書きとめよう。

その際、分析的な左脳を活性化すべきではないので、自分の質問を批評してはいけない。あなたの目標は、**どんなにばかげていて不合理でもいいから、できるだけ多くの質問を用意する**ことだ。

別の視点から問題を眺めるきっかけになる質問をいくつか選ぼう。問題に取り組んでい

るあいださまざまな方向で考えると、アイデアを生みだす可能性が高まる。

たとえば、「工場で生産している洗濯機の売り上げを伸ばすにはどうすればいいか？」という問いに答えたいなら、同じコンセプトを次のいくつかの方法で表現すればいい。

「一人ひとりの顧客に2台以上の洗濯機を売るにはどうすればいいか？」

「どのような新製品を売ればいいか？」

「家庭だけでなく企業にも洗濯機を売るにはどうすればいいか？」

「洗濯機の販売促進を効果的におこなうにはどうすればいいか？」

「洗濯機の品質を向上させるにはどうすればいいか？」

「優秀な販売員を雇うか訓練するにはどうすればいいか？」

以上の質問について考えると、最初の質問では浮かばなかった解決策にたどり着くに違いない。

あなたがアイデアを生みだせないのは、自分に投げかける質問が間違っているからかもしれない。

どんなに経験や才能があっても、つねに適切な質問を思いつくとはかぎらない。問題について考えながら質問をときおり変えてみると、アイデアの質と量が向上する。

次のことを肝に銘じよう。**どんな方向で考えるかが、どんなアイデアを生みだすかを決定する可能性がある。**

適切な質問が、アイデアの質と量を高める

潜在意識がすぐれたアイデアを生みだすためには、自分に投げかける質問は具体的で行動を促すようなものでなければならない。

たとえば、「なぜ私は新車を買うお金がないのか？」ではなく、「新しいホンダ・シビックを買うだけのお金を稼ぐにはどうすればいいか？」と自分に問いかけよう。

前者の質問を自分に投げかけると、潜在意識はとっさに「車を買うだけのお金を稼いでいないからだ」と答えるだろう。

しかし、後者の質問を自分に投げかけると、潜在意識はより多くのお金を稼ぐための具体的な方法について考える。さらに、潜在意識はあなたが必要としている具体的な金額を

把握しているから、それに従って適切なアイデアを提案してくれる可能性が高い。

ドナルド・ピーターセンはフォード・モーターのCEO（最高経営責任者）に就任したとき、新車開発の複雑なルールをシンプルなルールに変更した。

そのルールとは「自宅のガレージに誇らしい気持ちで停めておける新車のデザインを考案する」だった。この方向性の変化が技術者たちの脳に刺激を与え、トーラスの大ヒットにつながった。

トヨタの経営陣が従業員に「当社の生産性を高めるにはどうすればいいか？」と聞いたところ、すぐれたアイデアがほとんど得られなかった。

しかし、「自分の仕事をやりやすくするにはどうすればいいか？」と質問を変えると、すぐれたアイデアがたくさん得られた。

１７９６年、イギリスの医師エドワード・ジェンナーが牛痘種痘法を考案したのは、「天然痘を防ぐにはどうすればいいか？」という質問を「乳しぼりの農婦が天然痘にかからないのはなぜか?」という質問に切り替えたからだった。

その結果、牛痘にかかった農婦は天然痘にかからないという事実をもとに、牛痘種痘法で天然痘を予防できることを証明した。こうして予防接種の第1号となった天然痘ワクチンが生みだされた。


多くの場合、アイデアを生みだせないのは、自分に投げかける質問が間違っているからだ。**行き詰まって進歩が止まったら、質問の仕方を修正してみよう。**

自分に投げかける質問を変えれば、問題を新たな視点で眺めることができる。そうすることで、新たなアイデアを生みだせるのだ。質問をほんの少し変えるだけでも、潜在意識が生みだすアイデアの量と質は飛躍的に向上させることができる。

「5回のなぜ」で質問の抽象度を上げる

あなたが自分に投げかける質問はどれも、程度の差こそあれ抽象的である。そこで**抽象度を上げるか下げることによって、それまで考えもしなかった新しいアイデアを思いつく**

よう脳に刺激を与えることができる。

質問の抽象度を上げるのに役立つのは、「5回のなぜ」というテクニックである。

たとえば、「私の工場で生産している洗濯機の売り上げを伸ばすにはどうすればいいか？」という質問に対して、「なぜ」という質問を5回してみよう。

1回目　なぜ洗濯機をもっと売りたいのか？
　↓　洗濯機を全体的にもっと売りたいから。
2回目　なぜ洗濯機を全体的にもっと売りたいのか？
　↓　会社全体の売り上げを伸ばしたいから。
3回目　なぜ会社全体の売り上げを伸ばしたいのか？
　↓　事業を発展させたいから。
4回目　なぜ事業を発展させたいのか？
　↓　自分の資産を増やしたいから。
5回目　なぜ自分の資産を増やしたいのか？
　↓　働く時間を減らし、家族ともっと一緒に過ごしたいから。

さらに、次の質問に答えれば、問題の解決につながるアイデアを生みだすことができる。

「洗濯機をもっと売るにはどうすればいいか?」

「全体の売り上げを伸ばすにはどうすればいいか?」

「事業を発展させるにはどうすればいいか?」

「資産を増やすにはどうすればいいか?」

「働く時間を減らし、家族ともっと一緒に過ごすにはどうすればいいか?」


質問の抽象度を上げるか下げるかすると、当初の質問では生みだせなかったアイデアを思いつくことができる。

たとえば、「会社全体の売り上げを伸ばすにはどうすればいいか?」という質問を自分に投げかけると、洗濯機だけでなく乾燥機を生産するアイデアを思いつくかもしれない。また、「仕事を減らして家族ともっと一緒に過ごすにはどうすればいいか?」という質問を自分に投げかけると、仕事を助手に任せたり仕事のプロセスを効率化したりするアイデアを思いつくことができる。

質問の抽象度を変えることは、自分の思考の方向性を変えることにつながる。

「ああ、困ったな。いいアイデアがぜんぜん浮かんでこない」と思うことがあるかもしれない。が、**ほんとうの問題は適切なアイデアが浮かんでこないことではなく、間違った方向に思考を進めていること**だ。

そこで問題の抽象度を変えるか質問の内容を言い換えると、斬新なアイデアが浮かんでくる。そのひとつが課題に対する完璧な解決策である。

課題を細分化して具体的にする

数年前、問題解決の達人で大富豪の起業家に「ジェイソン、新しい事業を立ち上げるとき、どこから始めるかをどうやって決めればいいだろうか?」と尋ねた。

「アンドリー、朝になって目を覚ましたときにチョコレートの製造をしたいと思ったら、その複雑な課題をより簡単ないくつかの課題に分割すればいいのさ。たとえば、『おいしいチョコレートを製造するにはどうすればいいか?』と『チョコレートをたくさん売るにはどうすればいいか?』という具合だね。

そして、それぞれの課題をさらに小さな課題に分割するんだ。

たとえば、『おいしいチョコレートを製造するにはどうすればいいか？』という課題は、『おいしいチョコレートのレシピを入手するにはどうすればいいか？』と『チョコレートの生産をアウトソーシングするにはどうすればいいか？』に分割することができる。

一方、『チョコレートをたくさん売るにはどうすればいいか？』は、『チョコレートをスーパーで売るにはどうすればいいか？』と『チョコレートを効果的に宣伝するにはどうすればいいか？』に分割することができる。

すべての課題はより小さな課題に分割され、それぞれについて考えると具体的な行動にたどり着くことができる。

毎日、私はこの方法を使って事業の複雑な問題を解決している。複雑な問題を解決したいなら、より小さな問題で構成されるピラミッドをつくればいいのさ。そうすれば、一見したところ解決できそうにない問題を解決できる」

どんな事業に携わりたいかがわかれば、画期的なアイデアを生みだすプロセスが始まる。事業の各要素に関する質問に答える小さなアイデアをたくさん生みだす必要がある。たとえば、昇進、採用、アウトソーシング、マーケティング、販売だ。

大きな課題を小さな課題に分割すると、どんな問題に対してもすぐれた解決策を生みだすことができる。事業はひとつのアイデアずつ大きくなることを覚えておこう。

最低賃金で働いているのだが、豪華クルーザーで世界中を半年で旅行するという夢を持っていると想像しよう。あなたは「旅行用の豪華クルーザーを買うための20万ドルを稼ぐにはどうすればいいか？」と自分に問いかける。

1週間、考え抜いたあと、あなたは「現在の給料ではこの夢を現実にすることは不可能だ」という結論に達する。そこで、先ほどのテクニックを使って短期間のあいだにこの旅行を可能にする方法を考えてみよう。

まず、この質問を「豪華クルーザーで半年を過ごすにはどうすればいいか？」と「豪華クルーザーで安く旅行するにはどうすればいいか？」と言い換えてみよう。

このふたつの質問に対する答えは「半年間、豪華クルーザーをレンタルすればいい。料金は2万ドルしかかからない」と「豪華クルーザーで世界旅行をしたいと思っている他の9人と料金を分担すればいい」である。

次に、この課題をふたつのより小さな課題に分割しよう。すなわち、「豪華クルーザーで世界旅行をしたいと思っている9人を見つけるにはどうすればいいか？」と「1人分の旅行代2千ドルを貯めるにはどうすればいいか？」である。

このふたつの課題は20万ドルを稼ぐよりはるかに達成可能であり、夢の実現にこぎつけることができる。

アインシュタインはこう言っている。

「**問題を明確にすることは、その解決策よりもたいてい重要である。**解決策は単に数学的か経験的なスキルの問題にすぎない。新しい質問を自分に投げかけることは、独創的な想像力をかき立て、ほんとうの進歩を可能にする」

課題に対する解決策を見つけることができないなら、単に間違った質問を自分に投げかけているにすぎない。

自分が考えている質問を変え、抽象度を変え、大きな問題を細分化しよう。このテクニックを頻繁に適用すれば、どんな困難な問題でも解決できることにすぐに気づくはずだ。

STEP 4 考えて休む

私は高校（2年制）を卒業して大学に入学する直前の夏休みに、ＣＣＩＥ（シスコ認定インターネットワークエキスパート）が世界のコンピュータ業界で最も権威のあるエンジニアの資格であることを知った。

父が「ＣＣＩＥは旧ソ連の国々に数十人しかいない。彼らはみんな高給取りで、企業から引く手あまただ」と言った。私はそれを聞いて、「どんなことがあってもＣＣＩＥになる」という目標を設定した。

2年後、ＣＣＩＥの筆記試験にやっと合格し、あとは実技試験に通れば、夢を実現できるところまでこぎつけた。だが、実技試験に合格するためには、通信業者用の16台の高度なネットワーク機器を指示どおりに設定するという難題にパスしなければならなかった。

数人のＣＣＩＥに「実技試験の準備をするために、どうやって2万ドル相当のネットワーク機器で訓練したのか?」と尋ねたところ、2通りの答えが返ってきた。すなわち、「自分の働いている会社がネットワーク機器を使わせてくれた」と「料金を払ってネットワーク機器を遠隔操作しながら技術を身につけた」である。

3カ月後、「CCIEの実技試験の準備をしている18歳の学生を手助けするために、わざわざパートタイムで雇ってくれる会社はウクライナには存在しない」という事実に気づいた。シスコで働いていた友人がネットワーク機器を使えるよう手配してくれたが、訓練を開始してわずか2日後にそれが売れてしまったので、「これまで他の人たちが成果を上げた方法をすべて試したが、ことごとく失敗したので、もう打つ手はない」と思った。

結局、CCIEの実技試験の準備のために高価なネットワーク機器を使う方法は私には見つからなかった。しかし、ある日、シスコの認定を扱っているすべての会社のホームページを見たところ、メールアドレスが記載されていたので、こんなメールを書いて送った。「はじめまして。僕はCCIEの筆記テストに合格しました。実技試験の準備に必要なネットワーク機器を使わせてもらえるなら、それと引き換えにどんな仕事でもします。おまけに、もし僕が実技試験に合格すれば、ヨーロッパで最年少の人物が御社の支援によって

ＣＣＩＥに認定されたと宣伝することができます」

いま振り返ると、こんなメールを企業に送るのは非常識だったと思う。だが、そのなかの1社は「有給で資料の作成を手伝う仕事を用意しよう」と言ってくれた。別の1社は「ネットワーク機器を使ってもいい代わりにパンフレットの作成を手伝ってほしい」と言ってくれた。

その後、私は19歳のときにベルギーのブリュッセルで実技試験に合格し、ヨーロッパで最年少のＣＣＩＥとして認定され、ウクライナのシスコ支社から採用通知をもらった。

努力不要のアイデア発想法とは？

このように成功を収めたのは、高価なネットワーク機器を使わせてもらうための非常識なアイデアを生みだしたおかげであり、このアイデアを生みだせたのは「考えて休む」というテクニックのおかげである。

もしあなたが「すぐれたアイデアを生みだすための効果的な思考法は何か？」と尋ねたら、私は「もちろん、『考えて休む』テクニックだ」と答える。「考えて休む」テクニックは、ほとんど努力せずにすぐれたアイデアを生みだすうえで非常に効果的な思考法である。

まず、**解決したい問題について30分か60分、あるいは数時間、できるだけ一生懸命に考えて、どんなにばかげた内容でもいいから、浮かんだアイデアをすべて書きとめよう。**

この最初の思考の段階で、アイデアを生みだすだけでなく、どんなアイデアを必要としているかを潜在意識に知らせることができる。

もしその問題がシンプルなら、この段階でいい解決策が見つかるかもしれないが、もし最初の数時間以内に適切な解決策が見つからないなら、その問題についてはすっかり忘れて日常生活に戻ろう。

次に、**あなたが問題について意識的に考えるのをやめても、潜在意識はそれについて不眠不休で考え続ける。**あなたの超高速の創造的な右脳は無数の思考を処理し、散歩や入浴や睡眠のさなかにアイデアを思いつく。潜在意識は非常に独創的で成功するアイデアを生みだすことができる。いったん潜在意識があなたに代わってアイデアを生みだすようになったら、いつ何時どこにいようと、それを書きとめよう。

最後に、**自分の課題についてときおり2分から5分くらい考えよう。**そのあいだに新しいアイデアを生みだすだけでなく、創造的な右脳を再び活性化し、自分がその問題について意識的に考えていないときでも活発に考えさせることができる。

「考えて休む」テクニックは、ビジネスを成功に導くすぐれたアイデアを生みだすのに役立つ。このテクニックを使ったあとですぐれたアイデアが浮かばないなら、十分な時間が経過していないか、アイデアを生みだすだけの十分な原材料を持ち合わせていないためにさらに探求する必要があるか、どちらかである。

「考えて休む」テクニックは脳の思考プロセスを最も活性化するための方法である。成功するアイデアを生みだすのがうまくなるためには、「考えて休む」テクニックを意識的に使おう。世界有数のイノベーターはこの方法をつねに使っている。

熟成する——意識的に考えない時間の大きな効果

一生懸命に考えたあとで画期的なアイデアを生みだせなかったら、その問題を忘れて別の活動に移ろう。分析的な左脳は創造的な右脳に代わってプログラムを設定し、それが脳のなかで一時も休まずにその問題について考えつづける。

その問題に意識的にフォーカスしていないとき、創造的な右脳は脳のなかにある無数の思考のつながりをつくり、もしそのひとつがおもしろそうなら、「これは大発見だ！　突破口を開く画期的なアイデアが浮かんだ」と考える。

潜在意識が問題について長いあいだ考えれば考えるほど、より多くのつながりをつくり出し、すぐれたアイデアが生みだされる可能性が高まる。

多くの科学者は「問題について意識的に考えていないときにすぐれたアイデアが生まれる」と主張している。

問題について忘れ、最も予期していないときに最も画期的なアイデアが浮かんでくる。

たとえば、旅行しているとき、ひげを剃っているとき、風呂に入っているとき、長い列に並んでいるとき、ジョギングをしているとき、友人と雑談しているとき、劇場で演劇を観ているとき、寝ているとき、などなど。

最初のブレーンストーミングのあとでアイデアがわき出るのが止まったら、日常生活に戻ろう。創造的な右脳を活発に動かしつづけるためには、問題についてときおり数分間考えることによって、アイデアを必要としていることを潜在意識に知らせる必要がある。

偉大なイノベーターがすぐれたアイデアを生みだしつづけるのは、他の人たちより一生懸命に働いているからではなく、効果的な思考のプロセスを活用しているからだ。

潜在意識が熟成期間でおこなう作業は目に見えないが、それはこのプロセスで最も不可欠な部分である。

「研究室でのすべての発見は、一生懸命に考えて事実を集めたあとでリラックスしている時間にふと思いついたものである」

C・G・スーツ（ゼネラル・エレクトリックの主任研究員）

「たとえば、かなり難解なテーマについて書かなければならないとき、そのための最もいい方法は、数時間か数日間それについて一生懸命に考え、そのあとで作業を意識下で継続するよう潜在意識に命令をくだすことだ。数カ月後、そのテーマに意識的に戻ったとき、私はその作業が完了していることに気づく」

バートランド・ラッセル（イギリスの論理学者、数学者、ノーベル文学賞受賞）

「ひとつのプロジェクトで行き詰まると、別のプロジェクトに取り組んで潜在意識に仕事をさせる。最初のプロジェクトに戻ると、驚いたことに、十中八九、問題が解決していることに気づく。というか、知らないうちに潜在意識が問題を解決してくれているのだ」

カール・セーガン（アメリカの天文学者）

複数の問題について同時に考える

15歳のころ、私は他の多くの高校1年生と教室で数学のコンテストが始まるのを待っていた。試験官が「4時間で4問に挑戦することになります。制限時間が来たら、速やかに解答用紙を集めます。では、がんばってください」と言った。

最初の問題について1時間考えたあと、私は「まだ少しも進んでいない。他の3問についてもこの調子では惨敗することになる。他の3問を先に見よう」と思った。

10分かけて第2問について考え、少しだけ進んで行き詰まり、第3問に移った。20分後、その問題が解けたので、「この調子で第4問について考えてみよう」と思った。

第4問について考えて10分が経過したとき、行き詰まって第1問に戻った。15分ほど考えてさらに進んだとき、再び行き詰まって第2問に移った。25分後、ついに第2問を解いた。残りの2問を何度も交互に考えて、試験時間が終了するころには4問のうち3問を解いた。

試験の結果、私は第2位に入賞し、自分の都市を代表して全国レベルの数学コンテストに参加する権利を得た。

しかし、私が得た最も貴重な教訓は、学校だけでなくその後の人生でもすぐれたアイデアを生みだすのに役立った。その教訓とは、**複数の問題に交互に取り組むと、潜在意識がそれについて同時に考え、アイデアを生みだす能力が飛躍的に高まる**ということだ。

創造性の研究をしているクレアモント大学院大学の心理学教授ミハイ・チクセントミハイ博士は、96人の傑出した科学者、芸術家、作家にインタビューした結果、彼ら全員が複数の課題に同時に取り組んでいることがわかった。

複数の課題に交互に取り組むと、あなたが働き、休み、寝ているあいだに潜在意識が脳の片隅でそれらについて考えるから、画期的なアイデアを次々と生みだすことができる。

複数の課題について同時に取り組むことは、創造性をはぐくむ最も効果的なテクニックのひとつであり、熟成期間に潜在意識の生産性を飛躍的に高める。

視覚的に考える習慣を身につける

妻のオレナが英語を学び出したとき、私は彼女が非常にゆっくりと話していることに気づいた。そこで、「オレナ、英語で何かを言いたいとき、なぜ最初にゆっくりと間をとってひと言ずつ話すんだい？」と尋ねた。

「ロシア語で言いたいことをまず決めて、それを1文ずつ英語に直してから声に出しているからよ」

「オレナ、子どもがどうやって言葉を話せるようになるか知っているかい？　母親は子どもにオレンジを見せて、『これはオレンジよ』と言う。さらに家を指さして『あれは家よ』と言う。しばらくすると、子どもは脳のなかでオレンジの画像と『オレンジ』という言葉を結びつけ、家の画像と『家』という言葉を結びつける。

素早く話したいなら、頭のなかで翻訳するのを避けて、物体や行為の画像と英単語を直結させる必要がある。しかし、分析的な左脳は翻訳をつかさどっていて、思考を文に変換するプロセスを大幅に遅くしてしまうんだよ」

同じことがアイデアを思い浮かべることについてもあてはまる。もし言葉を使って自分に話しかけて考えようとすると、顕在意識が活性化され、思考は大幅に遅くなり、すぐれたアイデアを生みだす可能性がかなり小さくなる。

アルバート・アインシュタイン、トーマス・エジソン、ヘンリー・フォードはノートに膨大な図形や絵を描き残している。

偉人たちが成功するアイデアを生みだすのが得意だった理由のひとつは、視覚的に考える習慣を持っていたからだ。

実際、アインシュタインは言葉ではめったに考えないと言っている。思考がイメージとして浮かんできて、それによって言葉や公式で表現していたのだ。

試みに「自動車」と「石鹸」を想像しよう。このふたつの物体を組み合わせて新しいアイデアを生みだすなら、あなたは「自動車の形をした石鹸、石鹸の形をした自動車のシート、石鹸を使った洗車、ガソリンではなく石鹸で走る自動車」と言うかもしれない。しかし、あなたはそれらのアイデアを言う前に、まず頭のなかでイメージしていたはずだ。

超高速の潜在意識は絵を使って考えるという事実を覚えておこう。だから、すぐれたアイデアを次々と生みだしたいなら、言葉ではなく絵を使って考えるべきだ。

すぐれたアイデアはまず頭のなかでイメージとしてつくられ、そうすることによって初めて言葉で表現される。

STEP 5
アイデアの質より量を重視する

フレッド・スミスはイェール大学で学んでいたとき、フェデックスのコンセプトを表現した論文を作成した。

経営学の教授はそれに対して「C」という評価をし、「コンセプトは興味深いし、よくまとまっているが、よりよい評価を得るためにはそれが実行可能な計画でなければならない」とコメントした。

数年後、彼がフェデックスを設立したとき、運輸関係の専門家のほぼ全員が業界の過去の経験をもとに「スピードと信頼性のために高い料金を払う人はいないから、経営破綻するのは時間の問題だ」と予測した。

私たちは過去の経験にもとづいて決定をくだしがちである。なぜなら、たいていの場合、それが理にかなっていて、同じ間違いをくり返すのを避けることができるからだ。

しかし、もし過去にうまくいったことだけを考えるなら、いつも同じ古いアイデアに行き着いてしまう。**画期的なアイデアを生みだしたいなら、過去にうまくいったことではなく、将来的にうまくいくことを考える必要がある。**


数年前、脳の働きを研究していたとき、非常に興味深い統計に出くわした。それによると、キックボクシングをしているときに体は1分間に10キロカロリーほど燃焼し、歩いているときに体は1分間に4キロカロリーほど燃焼する。

脳は1分間にわずか0・1キロカロリーしか燃焼しないが、活発に考えているときに脳は1分間に1・5キロカロリーも燃焼するという。脳が体重のわずか2％しか占めていないことを考えると、これは膨大なエネルギーだといえる。

脳はつねにできるだけエネルギーを保存しようとする。**どんな課題について考えようと、脳は過去の記憶をすぐに調べて、数秒後に「これが解決策だ」と言う。**

それに対して、あなたは「それではなく、別の解決策を提示してくれ」と言う。脳は過去の経験を調べて再び数秒後に「これが解決策だ」と言う。

しかし残念ながら、それらの解決策はたいてい自明のことであり、ビジネスを成功に導くうえでほとんど役に立たない。

「20種類の哺乳動物を列挙してください」と言うと、誰もがすぐに犬や猫、熊、ライオンといったなじみのある動物を挙げる。これらの動物は路上や動物園、テレビ、新聞広告で頻繁に見かけるので、彼らの記憶のなかで最も鮮明だからだ。

それらの動物を挙げたあと、ようやくピューマやナマケモノなどの珍しい動物の名前を挙げる。

研究によると、私たちは珍しいモノよりありふれたモノを素早く思い出すことがわかっている。それと同様に、課題について考えるとき、脳は独創的な解決策より過去の経験にもとづいてありふれた解決策を素早く提示する傾向がある。

脳は過去にうまくいった経験にもとづく手っ取り早い解決策をすべて出し尽くすまで、一生懸命に考えようとしない。

脳に一生懸命に考えさせて画期的なアイデアを生みださせる唯一の方法は、たくさんの

アイデアを生みださせることである。

偉大な発明家はそれを知っているから、課題について考えるとき、思い浮かんだ最初のひとつかふたつの解決策で満足しない。彼らはできるかぎり多くのアイデアを生みだし、そのなかから最も有望なアイデアを選ぶ。

アインシュタインは自分の思考法が平凡な人の思考法とどう違うのかを尋ねられて、こう答えた。

「干し草の山のなかに1本の針を探すとき、ほとんどの人はその針を見つけたらそこでやめる。しかし私は、干し草の山のなかにほかにどんな針が隠されているだろうかと考えて探しつづける」

最高のアイデアは大量のアイデアから生まれる

特定の問題を解決したいので、ひとつの完璧な解決策を必要としていると想像しよう。多くの人は「完璧な解決策を見つけるまで考えるが、いったんそれを見つけたら、考えるのをやめる」と言うだろう。

たしかにこのやり方は一般的だが、めったにうまくいかない。なぜだろうか？

左脳と右脳の思考回路についておさらいしよう。

左脳は問題に対する最高の解決策を探し求める。たいていの場合、私たちは日常生活で左脳を使っていて、たしかにそれはよい答えを提示してくれる。

あなたが「職場に行く道はどれにしたらいいか？　このコートは高いか？　第二次世界大戦は何年に始まったか？」と尋ねると、左脳は過去にうまくいったことをすぐに調べて「これが最高の答えだ」と示す。

毎日、私たちは左脳を使うことにすっかり慣れているため、創造的で新しい解決策を必要としているときですら左脳に頼りがちだ。しかし残念ながら、左脳は創造的なアイデアを生みだすのに役立たないだけでなく、創造的な右脳の邪魔をするので有害ですらある。

創造的な右脳は分析的な左脳より少なくとも200万倍も速く働き、創造的なアイデアを生みだす役割を担っている。右脳は同じ問題に対して多くの解決策を探す。

たとえいずれひとつの解決策を実行するにしても、**アイデアを生みだす段階では、可能な解決策も不可能な解決策もすべて考えたほうがいい。**アイデアをたくさん生みだせば生みだすほど、最終的な解決策はよりよいものとなる。

カリフォルニア大学デイビス校名誉教授のディーン・キース・サイモントン博士は、アイデアの量と質の関係を調べた。数百人の最も創造的な科学者の仕事ぶりを研究したところ、非常に興味深い発見をした。**最高水準の科学者は平凡な科学者よりもすぐれたアイデアをたくさん生みだしていたが、つまらないアイデアもたくさん生みだしていた。**

世界で最も有名な科学者たちが書いた論文の圧倒的多数は、まったく引用されていない。その人たちが書いたごく一部の論文だけが100回以上も引用され、そのわずかな論文だけが世界に衝撃を与えたのだ。

サイモントン博士は作曲家や芸術家についても同じ研究をし、科学者だけでなく作曲家や芸術家もたくさんのつまらないアイデアを生みだしていて、それによって画期的なアイデアを生みだしていることを発見した。

エジソンは2千以上の特許を取得したが、その大半は一銭の利益にもならなかった。

アインシュタインは300本以上の科学論文を発表したが、その大半は他の科学者たちから見向きもされていない。

ピカソは2万点以上の作品を生みだしたが、大半は最高の展覧会に出品されていない。

アイデアの量と質のあいだには正比例の関係が成り立つ。**すぐれたアイデアマンが生みだすアイデアの大半はつまらないし、よくて平凡である。**画期的なアイデアはごくわずかだが、それがそのアイデアマンに成功をもたらす。

自然界は試行錯誤を通じて多くの種《しゅ》を生みだし、自然淘汰のプロセスでどの種が生き残るかを決定する。自然界では、新しい種の95％が試練に耐えられずに滅亡していくが、生き残った種は繁栄して生態系の一部となる。

すぐれたアイデアマンになるためには、**まず膨大なアイデアを生みだし、その一部に生き残るチャンスを与える**必要がある。ごくわずかなアイデアだけが生き残り、ビジネスを成功に導くからだ。

アイデアをたくさん生みだせば生みだすほど、そのなかのひとつが成功する可能性が高まる。すぐれたアイデアマンになるためには、創造性の最も重要な公式を肝に銘じよう。

それは**「量は質に匹敵する」**である。

目標数を設定してアイデアを出し尽くす

数年前、アイデアを生みだすことについて世界的企業でセミナーを開催した。参加者たちをいくつかのグループに分け、「レンガの使い方を100通り考えてください。アイデアがどんなにばかげていても非現実的でもかまいません。これからの30分間で、ぜひこの目標数を達成してください」と言った。

この課題を与えられたら、あなたは過去の経験にもとづいてレンガの使い方をすぐに書きとめるだろう。たとえば、「レンガは家を建てるために使うことができるし、武器としても使うことができる」という具合に。

数分後、過去の経験から思いつくレンガの典型的な使用法は出尽くし、そのときになってようやく脳が真剣に考え始める。たとえば、「レンガは楽器としても使えるし、おもちゃとしても使えそうだ。もしかすると、うちわとしても使えるかもしれない」という具合だ。

創造的で貴重なアイデアは、過去の記憶のなかで平凡なアイデアを出し尽くしたあとで浮かんでくる。すぐれたアイデアが生みだされるのは80個目から100個目のあいだである。

レンガのエクササイズのあと、私は参加者たちに別の課題を提示した。「御社の製品に関する今度の広告の見出しを200通り考えてください。ばかげたものや非現実的なものでもかまいません。これからの1時間でこの目標数をクリアしてください」と言った。

参加者たちがこの課題にどんな対応をしたかに興味があるなら、その答えを教えよう。どのグループも200以上のアイデアを思いついた。そのいくつかは非常に興味深く、その会社はそのうちのひとつを採用した。

ブレーンストーミングのあいだ、短時間で膨大なアイデアを生みだすという目標を設定しよう。

誰の心のなかにも存在する「内なる批判者」をしばらく黙らせて、**どんなにばかげたものや非現実的なものでもいいから、想像力を駆使して目標数に達するだけのアイデアを生みだそう。**

最初の3分の1は過去の経験にもとづく古いアイデアで、次の3分の1はより興味深いアイデアで、最後の3分の1はビジネスを成功に導く画期的なアイデアである可能性が非常に高い。**アイデアの目標数を設定するテクニックを使えば、創造的な右脳に考えさせ、**

膨大なアイデアを生みださせ、そのなかから最も有望なものを選ぶことができる。

ここで学ぶべきことは、国際的なデザイン会社ＩＤＥＯ《アイディオ》を創設したスタンフォード大学のデビッド・ケリー教授の言葉に要約される。

「10個のアイデアを出さなければならないなら、
ありふれたことしか浮かんでこない。
しかし、１００個のアイデアを出さなければならなくなると、
ありふれたことを超える必要性に迫られる」

デビッド・ケリー（ＩＤＥＯ創設者）

制約を設定し、脳に方向性を与える

私が小学6年生のころ、先生が「どんなテーマでもいいから作文を書きなさい」という

宿題を出した。

3日後、友人のマックスは先生のところに行き、「何時間も必死で考えましたが、まだアイデアが浮かんできません。この調子では1行も書けそうにありません」と言った。

先生が「マックス、あなたはどこに住んでいるの？」と尋ねると、彼は「通りを隔てて劇場の真向かいに住んでいます」と答えた。帰宅後、マックスはそれをもとに10枚の作文を書いてきた。彼の作文はクラスで最も優秀だった。現在、マックスは世界的企業のクリエイティブ・ディレクターを務め、アイデアを生みだすことを日々の仕事にしている。


創造性に関するかぎり、「好きなようになんでもすればいい」という課題ほど難儀するものはない。

たとえば、あなたが「ビジネスで役に立つアイデアを生みだしたい。このプロジェクトのためのお金と時間は無限にある」と言ったとしよう。これでは創造性が台無しになり、ほんとうに画期的なアイデアを生みだす可能性が低くなる。

しかし、**生みだしたいアイデアの目標数を明確にし、締め切りを設定し、予算を決め、課題について具体的に潜在意識に言い聞かせれば、膨大なアイデアが生みだされ、そのな**

かのいくつかがやがてビジネスを成功に導く。

アイデアの目標数、締め切り、予算の範囲を明確にすると、課題が創造的に解決される見込みがかなり高まるからだ。

すぐれたアイデアマンは次のことを知っている。

画期的なアイデアを生みだすためには、潜在意識を自由にさせ、どんなにばかげていても非現実的でも、とにかくたくさんのアイデアを生みだす必要があるが、脳に方向性を与えなければならない。

アイデアの目標数を決め、締め切りを設定し、予算を明確にすると、潜在意識はあなたに代わって驚異的なアイデアを生みだすが、その前提として、自分が何を求めているかを正確に潜在意識に知らせる必要がある。

STEP 6
アイデア発想の要点を押さえる

ビジネスの成功が老練な賢者によって決定される世界に住んでいると想像しよう。その人物の名前は「マーケット」である。彼の家の前にはいつも行列ができていて、人びとは自分のアイデアに関する判定を聞きたがっている。

もしマーケットが「そのアイデアはすばらしい」と言えば、その製品は大成功を収める。しかし、もしマーケットが「そのアイデアはよくない」と言えば、その製品は売れない。

ある日、若者がマーケットのもとを訪ねてこう言った。

「僕は生涯ずっと無人島で暮らしてきて他人のアイデアを一度も聞いたことがありませんから、きっと僕の製品は独創的だと思います。じつは、このたび10年の歳月を費やして人類に大きな衝撃を与える画期的なアイデアを生みだし、度重なる失敗の末に車輪を発明しました」

マーケットは若者の顔をじっと見てほほ笑みながら言った。

「若者よ。そのアイデアはよくない。車輪は数千年前に発明されていて、人びとはすでにそれを自動車や自転車、電車、バス、さらに航空機にも使っている」

「でも、マーケットさん、僕は車輪がすでに発明されていたなんて知りませんでしたから、まったく独自のプロセスでそれを生みだしたんですよ。この10年間の仕事が無駄だったなんて信じられません」

「若者よ、成功したいと願って私のもとを訪れる人をこれまでたくさん見てきたが、君と同じように失望するのを何度も目の当たりにしてきた。好きなだけ我が家に滞在していいから、私がどんな製品を承認するか観察してごらん。じっくり見ると、君が生みだす次のアイデアはきっと大成功を収めるよ」

列の次に並んでいたのは、スティーブ・ジョブズだった。マーケットは「やあ、スティーブ、今度は何を持ってきたんだい？」と言った。

「マーケットさん、私は人びとが電源コードを不意に引っ張り、コンピュータが落下して破損してしまうのを見てきました。そこでこの問題を解決するために、コンピュータと電源コードを接続するマグネットを考案しました。電源コードを不意に引っ張っても、マグネットがその瞬間に離れますから、コンピュータは安全です」

「スティーブ、そのアイデアはすばらしい」

若者は尋ねた。

「マーケットさん、僕は日本人女性と話をしたことがあるのですが、彼女の国では何年も前から炊飯器にマグネットが付いていて、転倒しても安全なように設計されているそうです。だからスティーブのアイデアは独創的ではありません。なのに、なぜそれを承認されたのですか?」

「若者よ、アイデアが完全に独創的かどうかは関係ない。毎日、人びとは他人のアイデアをまねして、それを改良している。そうやって社会が進歩するのだよ。私が気にかけているのは、君の製品が私のもとにもたらされるアイデアのなかで最高水準のもので、それが人びとの生活を向上させるかどうかということだけだ。スティーブのアイデアはノートパソコンのユーザーの利便性向上につながるから、きっと成功するよ」

若者はどのアイデアがマーケットによって承認されるかを注意深く観察し、その日の終わりにこう言った。

「マーケットさん、あなたが承認した数々のアイデアのなかにMTVやドライブスルーATM、ローラーブレードがありました。これらのアイデアは古いアイデアの組み合わせですよね。たとえば、MTVは音楽とテレビの組み合わせですし、ドライブスルーATMはドライブスルーとATMの組み合わせです。ローラーブレードにしてもアイススケートとローラースケートの組み合わせです。これらのものは完全に独創的ではないのに、なぜ市場で成功したのですか?」

「若者よ、**この世に完全に独創的なアイデアというのは存在しないんだよ。すべてのアイデアが古いアイデアの組み合わせか修正だ。**古いアイデアから学べば学ぶほど、自分のアイデアを生みだすための原材料が増える。君のアイデアがどれだけ独創的かなんて私は気にかけていない。**私が気にかけているのは、君の製品が人びとの生活を向上させるかどうかということだけさ。**では、ここを立ち去る前に、今日学んだことをふり返ってくれるかい?」

「マーケットさん、僕はどのアイデアも古いアイデアの組み合わせか修正であることを学びました。組み合わせるか修正して自分の画期的な製品を生みだすために、できるだけ多くの古いアイデアを学ぶ決意をしました。しかし、僕が学んだ最も大切なことは、画期的なアイデアが人びとの生活を向上させるということです」

マーケットは若者を見てウインクし、「どうやら君とはこれから頻繁に会うことになりそうだね。次のアイデアを聞くのを楽しみにしているよ」と言った。

要点1　アイデアは既存のアイデアから生まれる

私はミシガン大学で学んでいたとき、友人のマーティンに「夏休みのインターンシップ（学生向けの職業訓練）はどうだった？」と尋ねた。

彼は「大手医療機器メーカーのサプライチェーン部門で働いたよ。僕は会社が年間1千万ドル以上の経費を節約できる新しい注文方式を考案したんだ。会社はそれを高く評価して、お礼のしるしに学費を支給すると言ってくれたよ」と言った。

私は「どうやってそのアイデアを思いついたんだい？」と尋ねた。

「会社の全部門の部門長に会議室に集まってもらい、どのように部品を発注しているか尋ねたんだ。そうして既存の数々のアイデアから最高のアイデアを選んで新戦略の構想を練った。それがいまでは全社的な標準になっているんだ」

創造性に関する研究者たちは、すべての画期的なアイデアが既存のアイデアの組み合わせか修正であることを発見している。

天才的なクリエイターは既存のいくつかのアイデアのつながりをつくることによって突破口を開く発明を生みだす。夏休みのインターンシップでのマーティンがそうだ。

「私が天才的な能力を発揮できた秘訣は、他人のアイデアと発明をもとに新しいものをつくり出したからだ」

ヘンリー・フォード（フォード・モーターの創業者）

「創造的な人々は、どのように何かを創り出したか問われると、ちょっと後ろめたさを感じる。なぜなら、実際には創り出してはいないからだ。ただ何かを見ただけなのである。しばらくしてから、それがはっきりとした形をとったのだ。というのは、それまでの経験をつなぎ合わせて新しいものを合成できたからだ」

スティーブ・ジョブズ（アップルの創業者）

「創造性とは、自分が見聞きしたことのあいだに多くのつながりをつくることだ。
それをすればするほど、より簡単に飛躍をとげることができる」

ジェリー・デラ・フェミナ（アメリカの広告業者）

ディーン・キース・サイモントン博士は研究のなかで、創造的な天才たちは突破口を開くアイデアを他の人たちよりもたくさん生みだしていることを発見した。

しかし、それだけではない。**天才たちはつまらないアイデアも他の人たちよりずっとたくさん生みだしている**のだ。

突破口を開くアイデアを生みだすのは偶然の産物であり、天才たちは雑多な思考や経験やアイデアのあいだにたくさんのつながりをつくることによってその確率を高める。

画期的なアイデアを生みだす可能性を飛躍的に高めたいなら、次の言葉を自分に言い聞かせよう。

「すべてのアイデアは既存のアイデアの組み合わせか修正によるものである。すぐれたアイデアを生みだす確率を高めるためには、毎日、思考や経験やアイデアの雑多な組み合わせをより多くつくればいい」

問題に集中すれば、つながりが生まれる

小学生のころ先生が「ピンクのサルを思い浮かべてはいけません」と言った。クラスの全員が笑った。誰もがピンクのサルを思い浮かべたからだ。私の空想のなかでもピンクのサルがベンチに座り、立ち上がってダンスをしていた。

特定の課題について集中しているとき、しばらくすると脳が退屈して、別の方法で認識し、いくつかに分解し、他の思考や経験やアイデアをつなげる方法を考えはじめる。

私はよく「どうやって考えればいいのか?」と尋ねられるが、いつも「問題に集中していれば、潜在意識が残りを処理してくれる」と答えている。

レオナルド・ダ・ヴィンチは、人間の脳がふたつのアイデアに集中すると、そのふたつ

がどんなに違っていても、やがてそのあいだにつながりをつくろうとすることを発見した。

心理学者たちは私たちの脳がいつもすべてのことにパターンを見つけようとすることを発見した。ふたつのまったく異なるコンセプトに意識を集中すると、やがて脳は意味のある組み合わせをつくるために両者をつなごうとする。

たとえば、ロバとテレビについて考えると、脳はロバが登場するテレビアニメ、ロバのドキュメンタリー番組、ロバの形をしたテレビ、テレビを背負って運ぶロバ、ロバのロゴを持つテレビ局を想像するかもしれない。

成功するアイデアを生みだしたいなら、自分の問題と雑多なアイデアに意識を集中しよう。潜在意識はそれらを組み合わせたり修正したりする。脳があなたの問題と雑多なアイデアを組み合わせれば組み合わせるほど、すぐれたアイデアが浮かんでくる可能性が高い。

エクササイズ——無関係なものの関係を見つける

「ランダムな組み合わせ」というエクササイズは、一見したところなんの関連性もない複数のモノを組み合わせて新しいビジネスのアイデアを生みだす習慣を身につけるのに役立つ。

2つの無関係のモノを選び、そのあいだにつながりをつくって新しいアイデアを生みだそう。5分以内にできるだけ多くの組み合わせをつくり、それをすべて書きとめよう。自分のアイデアを現実的にしようとせず、どんなにばかげていてもいいから、できるだけ多くのアイデアを思いつこう。

そのアイデアのいくつかを現実にする方法については、あとでいくらでも考えることができる。とにかく、この段階では潜在意識に制限を設けず、たくさんの組み合わせを生みだせることが大切だ。

たとえば、石鹸と自動車を選んだら、その組み合わせとして、石鹸の形をした自動車、自動車を洗うための石鹸、石鹸の形をした自動車のシート、自動車のなかの浴室、自動車の燃料として使う石鹸、道路を洗浄するために石鹸をまく自動車などが考えられる。

このエクササイズが成功するアイデアを生みだすことに、どのように応用できるかわかるだろうか。

あなたが解決したい課題とランダムなモノを想像しよう。このエクササイズをたくさんのランダムな組み合わせでおこなえば、やがてあなたは課題に対する天才的な解決策を見つけることができる。これこそが世界有数のイノベーターがやっていることだ。

成功するアイデアは他のいくつかのアイデアの組み合わせだから、それを生みだす最も効果的な方法は、いろいろなアイデアをランダムに組み合わせることだ。たくさんの組み合わせをつくればつくるほど、成功するアイデアを生みだす可能性が高まる。

シェフが新しいメニューを考案するとき、冷蔵庫からさまざまな食材を取り出してナイフやミキサー、調理器で組み合わせる。シェフが実験をすればするほど、おいしくて独創的な料理ができ上がる可能性が高まる。

ビジネスの世界における「食材」とはアイデアと人生経験のことだ。アイデアを集めて新しい組み合わせをつくるためには、キッチン用品ではなく潜在意識を使う必要がある。自分の課題にたえず集中する習慣を身につければ、脳はたくさんのアイデアを生みだし、そのいくつかがビジネスを成功に導く。

要点2　独自のアイデアである必要はない

１９８１年にジャック・ウェルチがゼネラル・エレクトリック（ＧＥ）のＣＥＯ（最高経営責任者）に就任する前、この会社は外部の人のアイデアに抵抗を示し、社内ですべてのアイデアを生みだすことにこだわっていた。

そこでウェルチは「どこかの誰かがよりよいアイデアを持っている」と主張し、外部の人が思いついたアイデアを積極的に取り入れて自社のニーズに適合させた。

その結果、それ以降の20年間でGEの企業価値は40倍に高騰し、ウェルチは「フォーブス」誌から「20世紀で最もすぐれた経営者」に選ばれた。

彼はドキュメンタリーのなかで「モトローラ社から品質管理プログラムを、ヒューレット・パッカード社から製品開発プログラムを、トヨタ自動車から資産管理プログラムを学べたのは幸運だった」と語っている。

あなたがどれほど聡明で、どんなに目的意識が強くても、多くの天才たちがそれまでに生みだしてきたよりも多くのアイデアを生みだすことはできない。**すぐれたアイデアマンになりたいなら、既存のアイデアをまねて、それを改善する方法を学ぶ必要がある。**

もし独力ですぐれたアイデアを生みだし、あとでそれが過去に誰かによって生みだされていたことに気づいたら、あなたは時間を無駄にしたことになる。

なぜなら、そのアイデアをまねて自分の事業に適合させ、既存のアイデアにもとづいて新しいアイデアを生みだすために時間を有効活用することができたからだ。

顧客はそれが誰のアイデアなのかを気にかけない。**顧客が気にかけるのは、誰がマーケットで高品質の製品とサービスを提供してくれるのか**だけである。


アイデアが著作権で保護できないのはなぜだろうか。アイデアをまねることによって進歩をとげることができるからだ。革新的なことをする人はお互いのアイデアをまねし、さらにそれを改良する。

たとえば、コンピュータを生産するというアイデアが1社に独占されていると想像しよう。もしそうなら、コンピュータは非常に高価なものとなり、あまり進歩をとげることができなかっただろう。

アメリカは産業革命のあいだにヨーロッパのアイデアと科学技術をまね、そのあとでそれを改良して強大な経済を築き上げた。

日本は第二次世界大戦後に欧米の科学技術をまねして飛躍的な経済発展をとげた。

1990年以降、中国は欧米と日本のアイデアと科学技術を積極的にまね、経済を急成長させた。

イノベーションはアイデアの交換によって成り立っている。新しいアイデアは既存のアイデアの組み合わせか修正である。人生経験を積めば積むほど、そして他の人たちのアイデアを知れば知るほど、それをもとによりよいアイデアを生みだすことができる。

インターネットと安価な輸送システムの普及によって、あなたは世界中で無数のアイデアにアクセスできる。それらを学び、まねをし、修正すれば、画期的なアイデアを生みだす能力は何倍にも高まる。

人びとは自分が生みだすアイデアが完全に独創的でなければならないと考え、創造的生産性を大幅に限定してしまいがちである。しかし、そんなことになってはいけない。

完全に独創的なアイデアは存在しないことに気づき、**無から有を生みだそうとするのをやめ、他の人たちのアイデアにできるだけ触れれば、あなたは創造的生産性を何倍にも高めることができる。**

「私がなしとげたことの大半は、誰かのものをまねたことによるものだ」

サム・ウォルトン（ウォルマートの創業者）

「よい芸術家はまねをし、すぐれた芸術家は盗む」

パブロ・ピカソ（スペインの画家）

「わが社は画期的なアイデアをいつも図々しいぐらい盗んできた」

スティーブ・ジョブズ（アップルの創業者）

「人びとが何かを独創的と呼ぶとき、十中八九、彼らはその由来や原典を知らない。すぐれたアーティストが理解しているのは、どこからともなく何かが浮かんでくることはないということだ。すべての創造的な仕事は、それ以前のものを範にとっている。完全に独創的なものなど、この世には存在しないのだ」

ジョナサン・レセム（アメリカの作家、全米批評家協会賞受賞）

要点3　他の人が成果を上げたアイデアを応用する

ウクライナ出身の友人、ドミトリーは母親のアイリーナがどのように事業で成功したかについて話してくれた。

1990年代、アイリーナは薬局を開設するという夢を持ち、自宅マンションを抵当に入れて大量の医薬品を購入した。

アイリーナはドイツに2週間滞在して多くの薬局を訪れた。彼女はドイツで薬局がどのように営業しているかを観察し、思いついた興味深いアイデアをすべて書きとめた。

帰国後、彼女はそれらのアイデアをウクライナの事情に合わせ、自分の薬局で実行した。すると数カ月後、その薬局は町中で最も人気を博すようになった。

現在、彼女は国内で20以上の薬局を所有し、億万長者となって豪邸で暮らしている。

20世紀最高の発明家の一人、トーマス・エジソンは画期的なアイデアを生みだす秘訣は応用力にあると確信していた。彼はこう言っている。

「他の人たちが使って成果を上げた斬新で興味深いアイデアをたえず探しつづける習慣を身につけよう。あなたのアイデアは自分が取り組んでいる問題への応用の仕方だけが独創的であればいいのだ」

ウクライナで大人気を博しているテレビ番組に「ウクライナズ・ゴッット・タレント」がある。この番組では数人のアマチュアが順番に自分の才能を舞台で披露し、3人の有名人と観客の投票によって実力を判定される。最初のシーズンの最終回は1860万人が視聴した。これはウクライナの人口の4割以上に相当する。

ウクライナの人びとはこの番組の形式が「アメリカズ・ゴット・タレント」と「ブリテンズ・ゴット・タレント」をまねしたものであることを気にかけていただろうか。とんでもない。彼らが気にかけていたのは、その番組が楽しいかどうかである。

他の国や事業や製品の画期的なアイデアをどうすれば上手に応用できるかをたえず考えてみよう。アイリーナのような成功例は枚挙にいとまがない。なぜなら、多くの人が既存の数々のアイデアを応用することによって莫大な財産を築いているからだ。

要点4　いち早くアイデアを採用した人が勝つ

２００４年、ハーバード大学の学生だったマーク・ザッカーバーグはフェイスブックというＳＮＳを創設した。その後、フェイスブックは超巨大企業となり、２０１０年に7億5千万人を超えるユーザーを抱える世界で最も人気のあるＳＮＳとなった。

２００６年、パーヴェル・ドゥーロフはサンクトペテルブルク州立大学を卒業した直後にフェイスブックのアイデアを採用し、ロシア語圏にＶＫというＳＮＳを創設した。２０１２年、ＶＫは世界で19番目に多い来訪者を持つウェブサイトとなり、ヨーロッパで２番目に人気のあるＳＮＳとなった。

技術的にはＳＮＳを創設するのは難しくはない。実際、プログラムのコード化の方法を知らなくても、現在では数分間で自分のＳＮＳを創設することができる。

世界中の大勢の人がフェイスブックをまねて自分のＳＮＳを立ち上げたが、そのほとんどが人気を博さなかった。あなたは「自分のＳＮＳを立ち上げて成功しなかったその他大勢とパーヴェル・ドゥーロフの違いは何か？」と尋ねるかもしれない。

ドゥーロフはフェイスブックの初期のユーザーの一人だった。彼はフェイスブックが世界中の大勢の人のあいだで有名になるはるか以前からSNSというアイデアの潜在力に気づいていた。

2008年、ウクライナ在住の多くの友人がほとんど同時にフェイスブックとVKのユーザーになった。現在、彼らは新しく創設されたSNSに毎月のように勧誘されているが、加入しようとしない。

なぜなら、まず、彼らは世界最大のネットワークの会員になりたがっているからで、次に他の複数のSNSに参加する気がないからだ。

次々と登場するアイデアをたえず探し求めよう。

いったんそれが巨大ビジネスになったら、それを採用して事業を立ち上げるには遅すぎるかもしれない。ただし、**あなたが誰よりも早くその潜在力に気づくなら、そのアイデアをまねることによって最大の利益が得られるだろう。**

新しいサービスや製品が人気を博す前の段階で、そのアイデアを採用しよう。特定のアイデアの潜在力に気づくのが早ければ早いほど、それを自分の事業に採用するだけの価値が高まる。

同じアイデアが多くの人の頭に浮かんでいるかもしれないが、**他の人たちよりも早くそのアイデアを採用し、実行し、宣伝するなら、圧倒的優位に立つことができる。**

アイデアが成功を収めるうえでタイミングはきわめて重要である。誰よりも早くアイデアを採用する人が勝利を収めるから、チャンスを早く見つけることが至上命題だ。

要点5　その他大勢と違う考え方をする

映画『ハンガー・ゲーム』が封切られた日、私と妻はカリフォルニア州サンタクララの映画館の前にある駐車場の空きスペースを探していた。

当日は雨が降っていたにもかかわらず、出足は好調で駐車場は満車状態だった。空きスペースはひとつも見当たらなかったが、私たち夫婦は誰かが駐車場を立ち去って空きスペースを確保できることを期待していた。

15分後、妻は「私たち以外に数十台が駐車場の周りをぐるぐる回っているから、たとえ空きスペースができても、すぐに取られてしまうわ」と言った。

私は「このまま帰宅するか他の人たちと違う考え方をするべきだ。誰も駐車しようと思わない場所はどこだろうか？」と考えた。

数分後、あるアイデアが思い浮かんだ。私たちは正面入り口を曲がり、映画館の裏の駐車場がガラガラであることを発見した。私はそこに車を停めた。そして、そこから2分ほど歩いて正面玄関まで行き、夫婦で映画を楽しんだ。

マーケットは大きな駐車場に似ている。他の人たちと同じことをしていたら、激しい競争に巻き込まれてビジネスを成功に導くことが至難のわざになる。

問題についてじっくり考え、自分がどんなアイデアを生みだしたか、競争相手が何をしているかを検証し、思考の方向を変えてみよう。

誰も気づかないビジネスモデルを見つけるためには、現状を打破し、問題を別角度から眺め、「他の人たちと違うことを考える」をモットーにしよう。

STEP 7

アイデアの原材料を集める

15歳のときに一家が引っ越しをし、私は数学教育に力を入れている高校に入学した。そこで猛勉強をして、高校生を対象とした数学の問題を解く能力を競う国際大会である「国際数学オリンピック」で成果を上げようと思った。

私は数学の教師にこう言った。

「数学に全力で取り組みたいと思っています。先生は国際数学オリンピックの優勝者をたくさん育成されたそうですね。通常の授業のほかに自宅で何に取り組めばいいか教えてください」

すると、その教師は「国際数学オリンピックで優勝するためには、脳の機敏さに頼るだけでは不十分だから、ハイレベルの数学の経験が必要になる」と言い、こんな助言をしてくれた。

「国内と国外の数学コンテストの過去問を集めた数冊の問題集を君にあげよう。それぞれの問題についてしばらく考え、巻末の解答を参照しなさい。やがて問題のパターンに気づき、さまざまな解答のテクニックを暗記することができる。

他の人たちの解答をたくさん参考にすればするほど、君はより多くの解答のテクニックを自分のものにして数学の問題を解きやすくなる。数学コンテストで問題に直面したら、君はそれを解くためのさまざまな方法を知っているから、それを応用すれば、コンテストで優勝候補者になる」

新しいアイデアは古いアイデアの修正か組み合わせである。古いアイデアは創造的な思考のための原材料だ。

他の人たちのアイデアをたくさん知れば知るほど、脳はたくさんのつながりをつくり、ビジネスを成功に導くすぐれたアイデアを生みだす可能性が高まる。

さまざまな人生経験が新しいアイデアを生む

ある日、ジミー少年が仲良しのスージーの家に行くと、レゴでつくった美しい建造物に気づいた。ジミーはさまざまな車や船や城を見て、「僕もレゴでいろんなものをつくってみたい」と思った。

ジミーは自分が持っているレゴの3つの小さなブロックを何時間も見て、それをさまざまな組み合わせで試したが、どんなにがんばっても車や船、城にならなかった。

ジミーはスージーの家に行き、「僕にはレゴですばらしい建造物をつくるだけの素質がないようだ」と言った。スージーはジミーの顔を見てほほ笑みながら言った。

「あなたにはレゴですばらしい建造物をつくる素質が十分にあるわ。ただ、そのためのピースが足りないだけよ。私は何年間もレゴのブロックを集めてきて、いまでは数千個は持っているわ。あなたも私と同じくらいたくさんのブロックを集めれば、すばらしい建造物をつくることができるわよ」

アイデアは他のいくつかのアイデアの組み合わせである。**多様な人生経験を積めば、新しいアイデアをたくさんつくり上げることができる。**

多くの人は「自分には創造性がないから、ビジネスを成功に導くアイデアを思いつくなんて無理だ」と言う。

だが、彼らにそれができないほんとうの理由は、新しいアイデアを生みだすだけの人生経験が足りないからだ。

すぐれたアイデアマンは飽くなき好奇心を持ち、創造的なピースを増やすために新しい人生経験を積極的に探し求める。

彼らは旅行をし、新しい人たちと知り合い、さまざまな趣味に挑戦し、会議やセミナーに出席し、本や雑誌、ブログを読む。

一方、何年間も同じパターンをくり返すだけの人たちは、少ししかないレゴのピースで驚異的な建造物をつくり出そうとするジミー少年と似たような状況に身をおくことになる。

ビジネスを成功に導く原材料となる新しいアイデアと経験を脳にたえず与えよう。

さまざまな人生経験を積み、他の人たちのアイデアを学べば学ぶほど、脳はますます創造的な組み合わせをつくり、より貴重なアイデアを生みだすことができる。

すぐれたアイデアマンになりたいなら、新しい創造的な原材料を探し求めることを習慣にすべきである。

「創造性とは、ただ事柄を結びつけるというだけのことだ。創造的な人々は、どのように何かを創り出したか問われると、ちょっと後ろめたさを感じる。なぜなら、実際には創り出してはいないからだ。ただ何かを見ただけなのである。しばらくしてから、それがはっきりとした形をとったのだ。というのは、それまでの経験をつなぎ合わせて新しいものを合成できたからだ。

彼らがそれをできた理由は、他の人たちより多くの経験をしてきたからか自分の経験についてずっと考えてきたからである。しかし残念ながら、それはごくまれなケースといわざるをえない。

われわれの業界人の多くはそんなに多様な経験を持っていないから、つなぎ合わせる十分な点がなく、問題に対する幅広い見方をせずに直線的な解決策を思いつくにとどまっているのが現状だ」

スティーブ・ジョブズ（アップルの創業者）

STEP 8 アイデアを書いて保存する

私の学生時代、数学の教師が「問題に対する解答を書きとめていないなら、問題を解決したことにはならない」と何度も強調していた。

このアドバイスを真剣に受けとめていなかったころ、私は「昨日、この問題を解いたが、解答をどこかに忘れた」と言い逃れをしたものだ。

すぐれたアイデアを生みだすうえで最も役立つアドバイスをひとつだけするなら、「**つねにアイデアを書きとめろ。頭に浮かんだらすぐにアイデアを書きとめないと、それはすぐに消えてしまう。いつどこにいようと、アイデアを書きとめろ**」である。

まず、アイデアは保存して、あとで活用することができる。

すぐれたアイデアマンにとって、アイデアを書きとめないことは、ライターで100ドル紙幣を燃やすことよりもずっとばかげている。

アイデアは宝物だから、いつまでも保存しておくべきなのだ。

次に、アイデアを書きとめることは、潜在意識に対して「すばらしいアイデアを生みだしてくれて、ありがとう。私に代わってしてくれていることに深く感謝する。もっとアイデアを生みだしてほしい」というシグナルを送ることになる。

もし潜在意識が感謝されていると感じるなら、それはもっと一生懸命に働き、あなたに代わってさらにすばらしいアイデアを生みだしてくれる。

たとえば、友人に助言しても、聞いてくれないとしよう。あなたはもう一度それをくり返すが、友人はやはり聞いてくれない。やがてあなたは助言するのをやめるはずだ。潜在意識が生みだしてくれたアイデアをあなたが聞き入れないなら、それと同じことが起こる。

最後に、多くのアイデアを紙に書きとめると、それをあとで参照することが容易になる。それぞれのアイデアを修正したり他のアイデアを組み合わせたりして、新しいアイデアを生みだすことができる。

たとえば、エジソンは鉄鉱石採掘会社が利益をもたらさないことがわかったとき、メモ帳を調べてアイデアを参照した。その結果、その会社がセメントの会社とよく似たビジネスモデルだったことに気づき、1899年にエジソン・ポートランド・セメント社を設立した。

トーマス・エジソン、ベンジャミン・フランクリン、レオナルド・ダ・ヴィンチ、ライト兄弟、バージニア・ウルフ、カール・ユング、チャールズ・ダーウィンをはじめ多くの有名な発明家、科学者、小説家、芸術家、起業家はいつもメモ帳を持ち運び、思いついたアイデアを書きとめていた。この習慣は彼らの成功に重要な役割を果たした。

書きとめる方法がないときのアイデア記憶法

就寝の直前に驚異的なアイデアが浮かんだと想像しよう。あなたは「すっかり疲れていてアイデアを書きとめることができない。明日の朝一番にそれを書きとめよう」と思うかもしれない。

だが、最高のアイデアは最も予期していないときに浮かぶことがよくある。たとえば、スーパーで買い物をしているとき、ジムで運動をしているとき、ベッドで寝ているときがそうだ。

状況によってはアイデアを書きとめるのは不都合に思えることがあるかもしれないが、いつ何時どこででもアイデアを書きとめよう。

午前3時にアイデアが浮かんだら、目を覚まして書きとめよう。
重要な会議のさなかにアイデアが浮かんだら、筆記具を持って書きとめよう。
スーパーでアイデアが浮かんだら、それを書きとめる方法を見つけよう。
この習慣は仕事でもプライベートでもあなたの成功を大きく後押しする。

あなたは「アイデアを書きとめる方法がなかったらどうすればいいの？　たとえば、車を運転しているときとか聴衆の前でプレゼンテーションをしているときがそうだ。そのアイデアを記憶しておいて、あとで書きとめることはできるのか？」と尋ねるかもしれない。
数年前のある日、私がスタジアムへジョギングに行ったとき、おもしろくて記憶に残る本を書く方法について考えていた。すると3つの重要なアイデアが浮かんだ。「文章をぐっと圧縮しよう。だが、たとえ話も加える必要がある。また、本のなかに何を入れるかよりも何を捨てるかのほうがはるかに大切だ」と思った。そこで、ジョギングを終えてから45分後に帰宅して、その3つのアイデアを書きとめることにした。

記憶の専門家は人びとがアイデアを絵で記憶することを発見した。だから、**もしアイデアを記憶していたいなら、それを想像のなかで絵と結びつけるといい。**

私は「圧縮」を「テニスボール」と、「たとえ話をする」を「賢者が座禅を組んでいる姿」と、「何を捨てるか」を「ごみを捨てる姿」と結びつけ、その3つを組み合わせて想像のなかでひとつにした。

すなわち、賢者が座禅を組みながら右手でテニスボールを持ち、左手でごみを捨てる姿だ。このテクニックを使って45分後に帰宅して3つのアイデアを思い出して紙に書きとめたが、それから数年たってもまだ記憶している。

ビジネスはすぐれたアイデアによって隆盛するか、それがないために衰退する。アイデアが浮かんだら、すぐに書きとめる習慣を身につけよう。

もし何らかの用事をしていてすぐにアイデアを書きとめることができないなら、忘れないように想像のなかで絵と結びつけるといい。

すぐれたアイデアマンは「ふと浮かんだアイデアをすべて書きとめることが、事業、科学、芸術で活路を開くうえで不可欠だ」と考えている。この習慣はすぐれたアイデアを生みだす確率を飛躍的に高めて人生の成功につながる。

STEP 9 アイデアを引き寄せる考え方

潜在意識は願望によって駆り立てられる強力な思考装置である。**課題を解決したいという願望が強ければ強いほど、潜在意識は解決策を見つけるために全力で働く。**

たとえば、もしあなたが「この課題に対する解決策が見つかればいいのだが」と言ったところで、潜在意識は何もしようとしない。

しかし、「解決策を見つけたいと真剣に思っている」と言えば、潜在意識は少し働いて何らかのアイデアを提供してくれる。

だが、「私はなんとしてでも解決策を見つけたいという強い願望を持っている」と言えば、潜在意識はフル稼働し、ビジネスを成功に導くアイデアを次々と生みだしてくれる。

一流のイノベーターは効果的な思考法をよく知っているから、成功の秘訣について尋ねると、返ってくる答えはいつも同じである。すなわち、「自分が情熱を感じることをする」だ。

このアドバイスは単純明快だから、あなたはそれを何度も聞いたことがあるかもしれない。**アイデアを次々と生みだせるかどうかは、自分がどれだけ情熱を持っているかに左右される。**

たとえアイデアを生みだしたいという強い願望を持っていても、「すぐれたアイデアを生みだせるかどうかわからない」とか「すぐれたアイデアを生みだせない」と思うと潜在意識の邪魔をしてしまう。

一流のイノベーターの最も重要な信念は、「すぐれたアイデアを必ず見つける」である。潜在意識は信念に対して非常に過敏に反応する。だから、もしすぐれたアイデアを生みだせるかどうか疑問に思っているなら、潜在意識は分析的な左脳に邪魔される。

しかし、**すぐれたアイデアを生みだせると１００％確信するなら、潜在意識は全力で働くから、すぐれたアイデアがすぐに次々と浮かんでくる。**

世界的企業で創造的な仕事をしている友人のマックスにすぐれたアイデアを生みだす秘訣を尋ねた。すると、彼は「自分はすぐれたアイデアを必ず生みだせるという信念を持つことだ」と言った。

「私は成功するアイデアを生みだしたいという強い願望を抱き、100％それができるという信念を持っている」という魔法の言葉を活用しよう。これをたえず唱えると、どんな凡人でも一流のイノベーターに変身することができる。

「情熱がなければ、どんな偉業もなしとげられない」

ラルフ・ウォルド・エマーソン（アメリカの思想家）

「強い興味を抱かなければ、その分野で成功することはほぼ不可能だ」

ウィリアム・オスラー（カナダ出身の医師、オックスフォード大学医学部教授）

人は自分が考えているものを手に入れる

私は22歳のとき全米でトップ10のビジネススクールでＭＢＡを取得したいという強い願望を抱いた。

しかし、応募者は平均年齢が28歳で、財務やマーケティング、戦略などの実務経験が5年以上あったが、私には実務経験がまったくなかったから、入学できる見込みはかなり低いと思った。

私は全米トップ10のビジネススクールで学んでいる自分の姿をＡ４のコピー用紙に描き、それを机のそばの壁に貼った。そしてそれを見るたび、自分がすでに入学していてＭＢＡのコースで学んでいる姿を想像した。

それからの数カ月間、ビジネススクールに入学できる可能性を高めるためのアイデアを次々と生みだした。

そしてついに奇跡が起きた。ミシガン大学のＭＢＡプログラムに入学を許可された最年少の人物になったのだ。

その後、私が全米トップ10のビジネススクールに入学できたのは、数千年にわたり多くの偉人が活用してきた引き寄せの法則のなせるわざだと気づいた。

引き寄せの法則によると、**「人びとは自分が考えているものを手に入れる。なぜなら、自分が設定したプログラムに従って潜在意識が行動や思考、出来事を引き寄せるからだ」**という。

自分がすでに目標を達成している姿を想像するたびに、潜在意識は「夢を現実にしてほしい」という指令を受け取る。

自分の願望をたびたび想像すると、潜在意識はアイデアと解決策を活発に考える。やがて、あなたは必要な答えを見つけて夢を現実にする。

目標の絵を描いて机やベッドのそばに貼っておこう。それを見るたびに、自分がすでにその夢を実現したことをできるだけ鮮明に想像しよう。

潜在意識は活性化され、想像の絵を現実にする方法について考える。どんなに大きな目標であれ、ある日、それが実現されているのを確信することができる。

引き寄せの法則は、アイデアを生みだすだけでなく、目標を達成するうえでも最も効果的なテクニックのひとつである。

1週間以内に達成できる短期的な目標であれ、1カ月以内に達成できる中期的な目標であれ、10年以内に達成できる長期的な目標であれ、この法則を積極的に活用しよう。

引き寄せの法則は好きなだけ活用することができ、そのたびに求めているものを引き寄せてくれる。

イメージトレーニングは「考えて休む」テクニックと組み合わせると絶大な効果を発揮する。

潜在意識を活発に働かせるためには、解決策を見つけたいという強い願望と自分はすぐれたアイデアを生みだせるという100%の自信を持つことが必要であることを覚えておこう。

STEP 10 ハイパフォーマンス状態になる

ミシガン大学で学んでいたとき、学年末に友人たちとバーへ行ったことがあった。飲み物を注文して会話が始まったとたん、私はジョークを連発して彼らを何度も笑わせた。その夜、一同は約2時間にわたり楽しく過ごした。

その様子を見たら、最高のコメディアンですら私の即興のジョークの才能をうらやんだに違いない。

じつは、私は人を笑わせるのが大の苦手なのだが、その夜にかぎっておもしろいジョークが次々と浮かんできたのだ。

あなたはふだんよりアイデアが次々と浮かんできたときのことを覚えているだろうか。

成功者の行動を分析した研究者たちは、**精神状態がアイデアを生みだす能力に大きな影**

響を与えることと、**ハイパフォーマンスの状態のときが最も効果的にアイデアを生みだす**ことを発見した。

ハイパフォーマンスの状態にあるとき、人びとはリラックスし、ワクワクし、エネルギッシュになり、心を開き、自信にあふれる。

逆に言うと、**リラックスし、ワクワクし、エネルギッシュになり、心を開き、自信にあふれるとき、あなたはハイパフォーマンスの状態になり、アイデアを次々と生みだすことができる**ということだ。

ハイパフォーマンスになる5つの条件

俳優が何かの役を演じていて、その人物の感情を伝えたいと思うとき、その感情を自分の心のなかで抱く必要がある。俳優は自分の人生でそういう感情を抱いたときを鮮明に思い出し、それを想像のなかで再現し、まもなく実際にその感情を抱き始める。

演劇の世界のこのテクニックは、ハイパフォーマンスの状態になるのに役立つ。

ハイパフォーマンスの状態になるためには、リラックスし、ワクワクし、エネルギッシュになり、心を開き、自信にあふれている必要がある。この5つの条件が組み合わさると、アイデアを生みだす能力は飛躍的に高まる。

条件1　リラックスしている

リラックスすればするほど、創造的な右脳にアクセスして成功するアイデアを生みだす可能性が高まる。

だから、寝ているとき、風呂に入っているとき、瞑想しているときに独創的なアイデアを思いつくことがよくあるのだ。リラックスした精神状態は、潜在意識を活性化して創造的になるうえで不可欠である。

まず、直立するために必要な筋肉を除いて全身のすべての筋肉をリラックスさせよう。呼吸に注意を払い、息を吸って吐くたびに全身がどんどんリラックスしていくことに気づくはずだ。

条件2　ワクワクしている

ビジネスを成功に導くアイデアを生みだしたらどんなにすばらしいか想像しよう。自分の人生がどのように変わり、友人や親戚は何と言うか想像しよう。

想像のなかで自分のすばらしい未来を感じ取り、幼い子どもがクリスマスのプレゼントをもらって喜んでいるようなワクワク感を高めると効果的だ。

条件3　エネルギッシュになる

エネルギッシュになろう。自分のなかのパワーを感じ、何かをする準備をしよう。

エネルギッシュになるためには、ジャンプし、ダンスし、運動をするか、活発なことをしたときの感覚を思い出そう。それを鮮明に想像すれば、潜在意識は想像と現実の違いに気づかない。

ただし、完全にリラックスした状態のままでエネルギーを高める必要があることを覚えておこう。緊張を感じたら、すぐにリラックスしよう。

エネルギッシュで同時にリラックスすることは不可能なように思えるかもしれないが、それは簡単にできる。

条件4　心を開く

禅では「初心を忘れない」という考え方を重視する。

禅の師匠は、初心とは子どものように無垢な気持ちで人生に立ち向かい、好奇心と驚きにあふれ、新しいものに心を開くことだと説く。

心を開くことは創造性の基本のひとつである。一見したところどんなにばかげていても、すべてのアイデアに心を開こう。

世の中が差し出すどんなものでも受け入れる準備をしていたときのことを思い出そう。次の瞬間に何が起こるかはわからないが、それは重要ではない。なぜなら、なんでも受け入れる準備ができているからだ。

心を開いていることをはっきりと感じるまで心を開こう。

条件5　自信にあふれている

自分が創造的ではないと思ったり、すぐれたアイデアを生みだせそうにないと感じたりすると、潜在意識は阻害され、ビジネスを成功に導くアイデアを生みだすことができなくなる。

すぐれたアイデアは必ず浮かんでくるという自信を持つことが、アイデアを生みだすプロセスで最も重要なことのひとつである。

自分に絶対的な自信を持っていたときの状況を思い出そう。おそらくあなたは自分が100％正しいと確信していることを言ったり実行したりしたはずだ。その経験をできるだけ鮮明に再現し、当時の感情をよみがえらせよう。

自信をみなぎらせるときは、リラックスし、ワクワクし、エネルギッシュになり、心を開く必要がある。

以上のことをすべて再びくり返そう。一つひとつの感情の強さを増すたびに、リラックスし、ワクワクし、エネルギッシュになり、心を開き、自信にあふれる。これを何度かくり返すと、あなたはまもなくハイパフォーマンスの状態になる。

ハイパフォーマンスの状態は、創造的な右脳が最も効果的に働く状態である。アイデアを生みだす必要があるとき、ハイパフォーマンスの状態になることをおすすめする。この状態は成功するアイデアを生みだす能力を驚異的に高める。

STEP 11 ゲームのように楽しむ

12歳前後のころ、私はいつも大きな恐怖心を抱いていた。いじめっ子たちに路上で殴られることをたえず恐れていたからだ。毎日、学校に行くのがとても怖かったので、両親は私の恐怖心を取り除くために極真空手に入門させた。

道場に行くたびにストレッチと基本訓練のあとで練習試合をさせられた。相手は経験を積んだ大柄な先輩だった。初心者の私にとって練習試合はあまりにも過酷で、その時間が永遠のように感じられたものだ。

ある日、コーチが全員を集めて「輪になって座れ。話がある」と言った。彼がそのとき言ったことは私の空手に対する姿勢だけでなく、アイデアを生みだすことに対する姿勢も変えた。

「みんな、よく聞け。パンチの痛みを恐れるな。試合はゲームみたいなものだと思え。パンチを当てたり、はずしたり、ブロックしたりするのは、じつに楽しいことだ。おもしろいし、ワクワクするし、挑戦的だ！」

彼の言葉は私の脳裏に刻まれ、いまでもはっきりと覚えている。

いったん試合がゲームだと思えると、私は痛みを忘れて挑戦を楽しむようになった。両親は信じられなかったようだが、私は2カ月後にはキエフ市の空手選手権にみずから志願した。

結局、その試合は1分半で終わった。私は少しパンチとキックをし、ブロックをしただけで、ほとんどやられっぱなしだった。45秒後、私は疲れ果てて両手で構えることすらできず、ましてやパンチをくり出すことなどまったくできなかった。

観衆は「アンドリー、がんばれ」と叫んだ。普通、自分の名前を聞くと元気がわいてきて勝ちたいと思うものだが、私の場合は逆だった。対戦相手の名前もアンドリーだったからだ。彼は緑の帯を持っていて、空手歴が7年以上もあった。

私はパンチを連打されたあげく、試合に負けた。だが、それはとても楽しい経験だった。実際、こんなに楽しかったことはないといってもいいぐらいだ。

試合のあとでコーチが私を呼んで「君はたいへん勇敢に戦った。私は君を誇りに思う。しかも、空手選手権で2回優勝している相手に堂々と立ち向かったのは見上げた根性だ」と言った。それは私にとって最高のほめ言葉だった。翌年、私は多くの試合に勝ち、青の帯を獲得した。

試合で勝つか負けるかは、自分の心の持ち方に大きく左右される。

もし深刻になって負けたらどうしようと思うと、潜在意識は阻害されてパンチやブロックに関するすぐれたアイデアが浮かばなくなる。**試合に勝つ人たちは武術に情熱を燃やし、試合をゲームとみなして楽しんでいる。**

研究者たちによると、5歳の子どもの98%以上が天才的な創造性を持っている。彼らは独創的なアイデアを生みだし、それをいつも楽しんでいる。

楽しんでいると、時間の経過を感じず、食事をするのを忘れ、潜在意識を活性化する。そのとき潜在意識は無数の思考を容量いっぱいまで抱き、直感の形で驚異的なアイデアを生みだす。

すぐれたアイデアを生みださない保証付きの方法がある。それは深刻になることだ。不幸なことに、大多数の大人はたいてい深刻な精神状態にある。

遊び心とユーモアのある環境は創造性を発揮するのに大いに役立つ。**楽しんでいると、アイデアを生みだすプロセスがゲームのようになり、リラックスし、ワクワクし、エネルギッシュになり、心を開き、自信にあふれる。**これらはハイパフォーマンスの状態の特徴で、アイデアが最も効果的に生みだされる。

生活を楽しんでいる時間を増やし、情熱を感じることをすれば、すぐれたアイデアが次々と生みだされる。

アイデアについて一生懸命に考えても浮かんでこないときは、「深刻にならずにもっと楽しもう。アイデアを生みだすことは興味深くてエキサイティングなゲームだ」と自分に言い聞かせよう。

深刻な人にアイデアはほとんど浮かばない。
アイデアが浮かんでくる人はけっして深刻にならない。

ポール・ヴァレリー（フランスの作家、詩人、評論家）

STEP 12

完璧さより、たゆまぬ改善

自分が14世紀の発明家で、宮殿に行って「王様、私はコンピュータを発明しました。私の新しい発明はインターネットにアクセスし、本を読み、メールをチェックし、さらに映画を観ることを可能にしました」と言ったと想像しよう。

王様は「ばかなことを言うな。まだ電気も発明されていないのだぞ。お前がどんなに賢くても、こんな発明は意味がない」と言うかもしれない。

モトローラは世界初の携帯電話を発明した。

アップルはタッチスクリーンと無数のアプリを利用できる携帯電話をつくりだした。

スカイプはインターネットを通じた無料ビデオ会話のアプリを開発した。

モトローラ、アップル、スカイプ、その他の多くの企業は電話というアイデアだけで莫大な金額を稼いだ。

アイデアは時間とともに進化するから、一足飛びに進化しないように気をつける必要がある。進化のプロセスを大きく飛び越えて、誰も見たこともないようなものをすぐにつくり出そうとしてはいけない。

たとえば、14世紀に電子書籍リーダーを発明しても、それは出番が早すぎて役に立たない。しかし、当時、グーテンベルクのように印刷機を発明したなら、世の中をよりよくして歴史に名を残すことができる。

最初から完璧なアイデアを期待しない

創造性を阻む最大の障壁は、完璧をめざす気持ちとリスクへの恐怖心である。だが、アイデアを生みだすプロセスでは、失敗と不完全は不可欠な要素だ。

あなたが生みだす当初のアイデアにはたいてい欠陥があるから、実行する前に改善する必要がある。もし絶対に成功する完璧なアイデアを生みだそうとすると、創造性を阻んで、過去にうまくいった古いアイデアをなぞってしまうだけである。

一流の作家は本を書くとき、思い浮かんだことをすべて紙に書きとめる。そして、原稿を何度も推敲してようやく立派な本に仕上げる。

あなたが質問について考えるとき、潜在意識がいきなりすばらしい答えを教えてくれることはめったにない。たいていの場合、それはヒントか部分的なアイデアである。

作家が原稿を推敲するのと同じように、あなたは思いついたアイデアを改良すべきだ。

最初から完璧なアイデアを生みだすことをめざすのではなく、多くのアイデアを生みだすことをめざそう。あとでいつでも改善できるのだから。

STEP 13

既存のアイデアを取り入れる

ビジネスを成功に導くアイデアを生みだすうえで、「変形」と「7つの方法」がたいへん効果的であることが証明されている。この2つは、人気を博す製品やサービスを開発するために必要なすぐれたアイデアを生みだすのに役に立つ。

既存のアイデアを変形する

「変形」のテクニックは単純明快だが、現状をゆるがして大成功するビジネスを創造するのに役立つ。

ビジネスのルールをリストアップし、それを変形してみよう。ルールを変えると、ビジネスを成功に導くアイデアか既存のアイデアを変形させる方法を生みだすことができる。

「変形」のテクニックが次の3つの実例にどのように応用されたかを検証してみよう。

1　動物園の営業時間を「変形」する

動物園では動物は檻のなかで暮らしていて、動物園は昼間だけ営業している。このルールを変えて、「動物が動物園のなかを自由に動き回り、夜間営業をしている」と定義しよう。

1994年、シンガポール動物園がこのアイデアを実行し、ナイトサファリが大人気アトラクションとなった。入場者はトラムに乗って8つのゾーンを回り、夜行性の動物が自然な環境で生息している様子を観察することができる。

2　サーカスの伝統を「変形」する

伝統的なサーカスは、共通のテーマを持たないアクロバットや動物や道化の演技を寄せ集めたものである。1984年、カナダの大道芸人ギー・ラリベルテはその伝統に異を唱え、「共通のテーマを持つアクロバットだけのサーカスをつくる」と宣言した。

そしてエンタテイメント集団「シルク・ドゥ・ソレイユ」を生みだし、世界中で幅広い人気を博して莫大な金額を稼いでいる。

3　バンドと観衆の関係を「変形」する

通常、バンドはギターやピアノ、バイオリンなどの実際の楽器で演奏する。バンドは音楽を演奏し、観衆はそれを聴く。

1995年、ジャスティン・スペンサーはそのルールを変え、伝統的な楽器のほかにバケツやリサイクルした中古品を使ったリサイクルド・パーカッションというユニークなバンドを結成した。

ショーのなかで観衆の一人ひとりがドラムスティックを渡されて演奏に参加する。私の父はラスベガスでその舞台を観たとき、「こんなにおもしろいショーは生まれて初めてだ」と感激した。

ビジネスが何らかの方法でずっとおこなわれてきたからといって、それを改良したり別の方法でしたりすることができないわけではない。ビジネスの特色をリストアップし、それに異を唱える習慣を身につけよう。

「変形」のテクニックを使えば、既存のビジネスを改良したり成功する新しいビジネスのアイデアを見つけたりすることができる。**すぐれたアイデアマンは現状にたえず疑問を抱き、ルールや思い込み、固定概念に挑戦する。**

「現状を打破するにはどうすればいいか？　ルールや思い込み、固定概念を変えるにはどうすればいいか？」とたえず自分に問いかけよう。

既存のアイデアから7つのアイデアを生む7つのテクニック

アイデアが何から生みだされているか覚えているだろうか。アイデアは他のアイデアの修正か組み合わせである。

7つのテクニック（置換、結合、調整、限定、転用、排除、逆転）は非常に定評のある創造的な方法で、ビジネスを成功に導くアイデアを生みだす効果がある。

7つのテクニックは既存の製品やサービスをうまく改良して新しいアイデアを生みだすのに役立つ。

客はカフェに入り、ウェイターが運んできたメニューを見てディナーを注文する。では、このカフェに7つのテクニックを応用して新しいアイデアを生みだしてみよう。

1 置換する

「カフェまで行くこと」を「カフェに来てもらうこと」に置き換えよう。それによって、どんなビジネスのアイデアが浮かんでくるだろうか。

ピザの宅配サービスがまさにこのビジネスモデルを使っている。お店に電話をして注文すれば、素早く自宅まで配達してもらえるというわけだ。

2 結合する

カフェとスリルのある乗り物を結合しよう。

たとえば、スカイレストランの「ベルジャン・ディナー」のようにクレーンを使って客とテーブルを地上50メートルの高さまで上げるサービスがそうだ。経済誌「フォーブス」はこれを「世界で最もユニークな10のレストラン」のひとつとして紹介している。

3 調整する

カフェを子ども向けに調整しよう。カフェはどんな感じになるだろうか。メニューにあるすべての料理は子ども向けのおもしろい名前が付けられ、おもちゃと一緒に振る舞われる。カフェには遊び場があり、ウェイターは人気漫画の登場人物のコスチュームをまとっている。

私が初めてニューヨークに行ったとき、ツアーガイドが人形の店を案内してくれた。店内にはカフェがあり、少女たちは人形で遊びながらお茶を飲むことができる。

4　限定する

メニューの数を少しの飲み物とサンドイッチに限定しよう。

その結果、マクドナルドやバーガーキング、ケンタッキーフライドチキンのようなファストフードレストランになる。メニューの数を3つに限定すれば、正午から午後3時までのランチ専門店ができあがる。

5　転用する

カフェのビルは美容院や薬局、小売店に転用することができる。ダイニングテーブルはオフィスのテーブルに転用することができる。キッチンでつくった料理は、スーパーやガソリンスタンドで売ることができる。

6 排除する

カフェのビルを排除すれば、車のなかで座ったまま注文して食べるドライブインカフェができあがる。ウェイターを排除すれば、自分で料理をトレイに載せて料金を払うセルフサービスのカフェができあがる。

7 逆転する

「ウェイターにチップを渡してください」を逆転させて「ウェイターにチップを渡さないでください」にすると、客がウェイターにチップを払う必要のないカフェができあがる。

はっきり言って、私はチップを払うのが好きではない。ミシガン州で暮らしていたとき、道を歩いていると「チップ不要」と書かれた看板がカフェのドアに掛かっているのが目に入った。

私はさっそく店内に入って注文した。ウェイトレスが料理を持ってきたとき、彼女は

「お待たせしました。ちなみに当店ではチップはいりません」と言った。私が常連客になったことは言うまでもない。

これらのテクニックはビジネスを成功に導くアイデアをたくさんもたらしてくれる。既存事業を改良したり新規事業を始めたりするのに役立つかどうか、ときおり試してみるといい。

これらのテクニックは潜在意識が新しい機会をすぐに見るのに役立つ。その機会のいくつかはやがて成功する事業になる。

ビジネスの創造性とは、自分に質問を投げかけて答えることに尽きる。「変形」と「7つのテクニック」はよい質問をするのに役立つから、潜在意識はあなたに代わってアイデアを生みだしてくれる。

STEP 14

失敗と偶然を歓迎する

ある日、ジョンという若者が自分で事業を始める決意をした。彼は「世界を変える製品のアイデアを持っている」と思った。

2カ月間、ジョンは製品開発に取り組み、マーケティング戦略を練った。毎朝、ワクワクしながら目を覚まし、夜遅くまで働くようになった。ジョンの人生で最も幸せな時期だった。自分が大好きで、しかも信じていることに没頭していたからだ。

しかし、製品がようやく発売されたとき、いっこうに売れず、誰からも求められていないことに気づいた。彼は「自分には起業家としての才能がない。商売も下手だ。たんなる凡人なのに、何を夢見ていたのだろう?」と思った。

人びとは失敗したときに自分を責める。ジョンのストーリーは世界中の無数の起業家に共通している。

2、3回、失敗するとすっかり落ち込み、新しいアイデアを試すのをやめる人たちもいる。だがその一方で、失敗は成功するうえで不可欠だと考える人たちもいる。

自然界は多くの種《しゅ》を生みだし、自然淘汰のプロセスでどれが生き残るかを決める。新しい種の95％が絶滅し、最も強いわずかな種だけが生き残る。

すぐれたアイデアマンは自然界と同じように、**成功するビジネスを生みだすためには多くのアイデアを実行し、どれが生き残るかをマーケットに決めてもらう必要がある**ことを知っている。

研究によると、**一流の起業家、科学者、芸術家、作曲家、小説家は他の人たちより頻繁に成功しているだけでなく、他の人たちよりずっと頻繁に失敗している**ことがわかった。

彼らは創造性が確率のゲームであり、実行するアイデアが多ければ多いほど、成功するアイデアがより多く含まれることを知っている。

ビジネスで成果を上げたいなら、失敗に対する姿勢は前向きでなければならない。だから、「**創造性は確率のゲームだ。私は失敗するとワクワクする。失敗すればするほど成功**

に近づくことができるからだ」と自分に言い聞かせよう。

たくさん失敗した人が成功する

20世紀最高の科学者の一人トーマス・エジソンは、採算のとれる白熱電球を世に送りだす前に1万通りの試作品をつくった。

彼は「1万回失敗したどころか、一度も失敗していない。うまくいかない1万通りの方法を発見するのに成功したのだ。うまくいかない方法をすべて排除すれば、うまくいく方法が見つかる」と言っている。

一流のイノベーターたちは成功するにはよい決定をする必要があることを知っている。**よい決定は経験から生まれ、経験は悪い決定から生まれる。失敗したら、うまくいかない理由は何かを学ぶことができる。**この経験はあとで成功するための原動力となる。

スティーブ・ジョブズが開発したマッキントッシュ、エジソンが発明した白熱電球、アインシュタインが考案した相対性理論については誰もが知っている。しかし、彼らが膨大なアイデアを実行して失敗していたことはあまり知られていない。
創造的な思考では質は量から生まれるから、**ビジネスを成功させようとすればするほど多くの失敗に途中で遭遇する。**

一流のイノベーターたちはよく失敗する。しかも、熱心に失敗する。彼らは自分が成功しているのは他の人たちより多く失敗するからだということを知っている。**多くのアイデアを生みだし、そのなかから実行するアイデアが多ければ多いほど、より早くすぐれたものをつくりだすことができる。**

すぐれたアイデアマンになりたいなら、自分のアイデアの多くが失敗し、一部のアイデアだけが成功し、ごくわずかなアイデアが世界を変える潜在力を秘めていることを覚えておこう。

偶然の発見を楽しみにする

1928年、イギリスの生物学者アレクサンダー・フレミング博士は研究室を片づけるのを忘れて休暇に出かけた。

2週間後、休暇から戻ると、研究室の隅っこにあったブドウ球菌の培養皿のひとつがアオカビに汚染され、それがブドウ球菌の繁殖を防いでいることに気づいた。よく調べたところ、アオカビが多くの病原菌を殺す物体をつくりだしていることがわかった。

この発見が医学の進歩に大きく貢献し、髄膜炎や淋病、梅毒などの危険な病気の治療に役立つ世界初の抗生物質ペニシリンの開発につながった。

ペニシリン、ペースメーカー、プラスチック、加硫ゴム、テフロン、コーンフレーク、サッカリン、その他の発明は偶然によってなされた。

ビジネスでは成功するアイデアはたいていミスや失敗のあとの偶然によって生みだされている。 だから、あなたの目標はこの偶然の確率を何倍にも高めることだ。

できるだけ多くの人と話をし、旅行をし、実験をし、本を読み、さまざまな趣味を持ち、したことのないあらゆることをやってみよう。

成功するアイデアをたまたま生みだすことは、宝くじに当せんするのと同じである。人生経験を積むことは、宝くじのチケットを増やすようなものだ。

幅広く行動して多方面の経験を積めば積むほど、成功するアイデアを思いつく可能性が高まる。多くの人は決まりきったパターンに従って暮らしているから、人生が与えてくれる機会を失っている。**創造的な天才は偶然の発見を楽しみにし、興味深いことに気づいたら、すぐにそれを追求する。**

いま取り組んでいることと関係がなくても、浮かんでくるすべてのアイデアに感謝しよう。偶然の発見を楽しみにし、興味深いアイデアを思いついたら、それを保存し、分析し、実行しよう。

偶然のアイデアのいくつかがビジネスに与える衝撃は、ペニシリンが医学に与えた衝撃と同じくらい強烈なものになるはずだ。

STEP 15

休息と運動でエネルギーを得る

熟睡と運動は健康維持に役立つだけでなく、ビジネスのアイデアを生みだすのを促進してくれる。

睡眠は最も生産的な時間

多くの人は「成功するためにはもっと起きて働く必要がある。寝ている時間は無駄な時間だ」と考えている。

だが、実際はそうではない。**非常に生産的な人たちの多くは他の人たちより長時間寝ている。**

潜在意識は成功するビジネスのアイデアを生みだし、顕在意識が不活発なときに最もよく機能する。睡眠中はとくにそうだ。

すぐれたアイデアが必要なら、8時間の熟睡のあとのほうがコンピュータの画面を見て一晩を過ごすよりも効果的だ。

一流の発明家たちは睡眠の力を重視し、それをたえず活用している。実際、彼らは睡眠や昼寝のさなかに突破口を開くアイデアをたくさん生みだしている。

成功するアイデアを生みだすことに関しては、睡眠は時間の無駄どころか一日のなかで最も生産的な時間になりうる。

定期的に運動をして創造性を刺激する

研究によると、定期的な運動は記憶力、気分、創造的思考を向上させることがわかっている。すぐれたアイデアを生みだしたり試験の準備をしたりする必要があるなら、ジョギングや水泳、ダンスのあとで生産性が高まる。

運動は創造的な右脳を刺激し、アイデアの熟成期間の思考を大きく促進する。ダンスをし、走り、泳いでいるとき、顕在意識が休んで潜在意識が無数の思考を処理する。

あなたは一日中考えていた問題が、運動の最中か直後に解決されることがよくあると気づいているかもしれない。

すぐれたアイデアマンは、いいアイデアがコンスタントに必要なら運動が不可欠であることを知っている。なぜなら、運動をしなければ、創造的生産性が低下するからだ。週に少なくとも2、3回は運動をすれば、エネルギーが高まるだけでなく、すぐれたアイデアマンになることができる。

十分な休息をとらなければ、エネルギーが足りなくなり、すぐれたアイデアを生みだすことはできない。

熟睡と定期的な運動を心がけよう。このふたつの習慣は健康を維持するのに役立つだけでなく、ビジネスを成功に導くアイデアを次々と生みだすのに役立つ。

問題に行き詰まったら、寝るか運動するかどちらかをしよう。おそらく次の思考のセッションで何らかのヒントが得られるはずだ。

STEP 16

脳を創造的モードにする

ある日、私は美容室の長椅子に座って妻を待ちながら、メモ帳を開いて書き始めた。その場所は騒がしくて長椅子は座り心地が悪かったが、どういうわけか私の脳は創造的モードに入り、たぶんそれまでで最高のストーリーを書きあげた。

脳にとって、どこで考えるかは関係ない。心地よい個室のオフィスでも、騒がしい美容室でも、スーパーの列でも同じことである。

脳はホテルや空港のラウンジ、タクシーの後部座席、オフィス、自宅、カフェなどの場所で生産性を飛躍的に上げるが、それには条件がひとつある。**大切なのは、考える場所をときおり変えることだ。**

脳はそれが見る画像によって刺激される。だから毎日、同じ場所で働いて同じ画像を見ていると、やがて脳の創造性が鈍ってしまうのだ。ふだんと異なる環境を見ると、潜在意識が刺激され、生産能力を高めて考えるようになる。

アイデアを生みだすためには、日常の環境を抜け出してカフェや図書館、公園に行こう。非日常的な場所で2時間ほど考えると、オフィスでコンピュータの画面を見つめて一日中過ごしているより多くのアイデアを生みだせるかもしれない。

考える場所については、そんなに思いつめる必要はない。なぜなら、ふだん訪れない場所ならどこでも創造的な右脳を刺激するからだ。

「最高のアイデアをどこで生みだしているのか？」と問われれば、私は「ホテルの部屋、散歩の道すがら、浴室、スーパー、退屈な会議の場、ジョギングをするスタジアム、タクシー、空港、カフェ」と答える。

脳が画期的なアイデアを生みだす場所の唯一の共通点は、仕事をしている時間の大半を過ごしている場所ではないということだ。

ニューロリーダーシップ・インスティテュートのＣＥＯデビッド・ロックは6千人以上を対象に、画期的なアイデアがどこで生みだされているかを調べた。

その結果、「職場」と答えた人は全体の10％にすぎなかった。39％は「自宅」と答え、51％は職場でも自宅でもなく、「旅行中、ジョギング中、カフェでの食事中、プールでの水泳中、海岸での散歩中、博物館を見学中」と答えた。

この結果は、画期的なアイデアがふだん見慣れている環境から離れた場所で生みだされていることを示している。

職場・自宅の風景を変える

職場を離れなくても風景を変えることができる。壁の絵を変えたり別の机に移ったりするだけでも創造的な思考が高まるからだ。

実際、創造性に依存している多くの企業は、職場の建物のなかに従業員が働ける多くの場所を用意している。

自宅で働くときはときおり場所を変えよう。リビングルームや寝室、キッチンで作業をしてみよう。ソファや机の前、ひじ掛け椅子に座ってみよう。自宅のなかで場所を変えると、思考の生産性を上げることができる。

すぐれたアイデアマンになるためには、他の人たちより頻繁に周囲の風景を変える習慣を身につけるべきだ。できるだけ旅行をし、自宅や職場の外で仕事をし、娯楽施設のような場所を創造的なスタジオとして活用するといい。

考える場所を変えれば変えるほど、脳は活発に働き、ビジネスを成功に導くアイデアをより多く生みだすことができる。脳がマンネリに陥らないように、考えるときは部屋を変えるか部屋のなかの自分の位置を変えるといい。

散歩で思考を加速させる

フランスの思想家ルソー、ドイツの劇作家ゲーテ、オーストリアの精神医学者フロイトは、散歩しているときにすぐれたアイデアを生みだした。彼らは散歩をすることによって創造性を高め、思考を加速していたのだ。

散歩は単調な運動だが、潜在意識を刺激し、すぐれたアイデアを生みだす可能性を高める。風景が目の前でどんどん変わると、創造的な右脳が新鮮な画像に刺激されて生産性を高める。

行き詰まってすぐれたアイデアが浮かんでこないなら、散歩に出かけてみよう。太古の昔から偉大な思想家は、潜在意識を刺激して創造的な状態になるための妙薬として散歩を活用してきた。

すき間時間は絶好のチャンス

多くの人が時間をつぶしている場所でアイデアを生みだそう。

たとえば、駐車場まで歩いているとき、バスを待っているとき、退屈な会議に出席しているとき、空港にいるとき、スーパーの列に並んでいるときがそうだ。この習慣はあなたが生みだすアイデアの量と質を飛躍的に改善する。

一部の人は「創造性を発揮することは難しくて不快な作業だ。すぐれたアイデアが浮かんでくるまで何時間も座って壁を眺めていなければならない」と思い込んでいる。

だが、それは違う。**最高のやり方は、わずか数分のすき間時間にアイデアについて考えることなのだ。**これならアイデアを生みだすことが楽しいし、思考をより生産的にすることができる。

成功するアイデアを生みだすために高級な椅子や豪華なオフィスは必要ない。どこにいようと、そこはあなたにとって創造的なスタジオだ。**たいていの場合、突破口を開くアイデアは、最も予期していない場所で浮かんでくる。**

外国旅行の意外な効用

多くの偉大なアイデアマンは外国旅行のさなかに最高のアイデアを生みだした。

ウォルト・ディズニーはデンマークに旅行しているとき、のちにディズニーランドで実行することになるアイデアを思いついた。彼はコペンハーゲンにあるチボリ公園に感銘を受け、それと似た楽しい雰囲気をディズニーランドにも漂わせようとした。

ヴァージン・グループの会長を務めるイギリスのリチャード・ブランソンは、ジャマイカでの休暇中に地元の多くのレゲエバンドの生演奏を聴いた。彼はこの旅行に触発され、レゲエのレコードレーベルを創設して、20人以上のアーティストと契約を結んだ。

スターバックスのCEOを務めるハワード・シュルツは、イタリアに旅行していたとき、いたるところにカフェバーがあり、すばらしいエスプレッソを提供しているだけでなく、人びとの出会いの場所としても役立っていることに気づいた。彼はイタリアでのカフェの記憶にもとづき、熱いコーヒーだけでなく感動的な経験を提供する場所としてスターバックスを全米で展開した。

旅行しているとき、脳はふだん見慣れているのとは違う環境と経験にさらされる。この劇的な変化が脳に強い刺激を与える。実際、その刺激は非常に強いので、多くの人は旅行中だけでなく帰国後もしばらく創造性が高まると言っている。

機会があれば、いつでも旅行をしよう。旅行はこの世で最も効果的に脳に刺激を与える方法のひとつなのだ。

脳に最大限の働きをさせるためには、日常の環境に慣れさせすぎてはいけない。考える場所をときおり変えよう。外国を旅行し、町のなかの場所を変え、職場や自宅のなかを移動しよう。

この習慣は創造性を阻む要素を排除し、すぐれたビジネスのアイデアを生みだすのに大きな効果を発揮する。

単純作業で右脳をフル稼働させる

脳は驚異的な思考マシンなのだが、私たちが慌ただしくしていると、その能力の大半が活用できなくなる。

頭を使わない単純作業をしていると、分析的な左脳が働かないので、創造的な右脳がフル稼働することができる。皿洗いをする、アイロンをかける、ジョギングをする、地下鉄のなかで壁を見るといった単純作業は創造的な感じがしないかもしれないが、実際には創造的な思考をかなり刺激する。

退屈していたり時間をつぶす必要が生じたりしたら、音楽を聴いたり携帯電話でゲームをしたり本を読んだりするのではなく、特定の問題について考える課題を脳に与え、しばらく脳をボーッとさせよう。**単純作業が終わるころには、興味深いアイデアをたくさん生みだしているはずだ。**

すぐれたアイデアマンは列に並んでいたり掃除をしたりしているとき、「よし、とても退屈だ。新しいアイデアを思いつくための充実した時間にしよう」と考える。

最高のアイデアはバスルームで!?

ニューロリーダーシップ・インスティテュートのCEOデビッド・ロックは6千人以上を対象に、どこで最高のアイデアを得ているかを調査した。その結果、最も多かった回答は「浴室」だった。

浴室は海辺のハンモックほどにはひらめきにつながらないように見えるが、そこはアイデアを生みだす非常に刺激的な場所である。

まず、入浴は頭を使わない活動だから空想を促進する。

次に、温水は身体をリラックスさせる。これは潜在意識を働かせるために重要なことだ。

最後に、浴室に行くと場所が変わるから、新しい経験をして脳に刺激を与えることができる。

入浴の時間を無駄にしてはいけない。**潜在意識のために課題を設定すれば、入浴が終わると1つか2つか3つのすぐれたアイデアを思い浮かべて戻ってくることができる。**

その際、すべてのアイデアを書きとめよう。アイデアはこの世で最ももろいものだから、浮かんできてもすぐに消えてしまいやすい。

アイデアはアイデアから生まれる

楽しい人と話したり、プレゼンテーションを聴いたり、記事を読んだりするとき、机の前に座って壁を見つめて日がな一日過ごしているときより多くの興味深いアイデアが浮かんでくるものだ。その理由を知っているだろうか？

この質問に対する答えは、創造性の最も重要な原理のひとつである「アイデアはアイデアを生む」ということだ。

他の人たちのアイデアを聞いたり読んだりしているとき、それが脳に刺激を与えて新しいアイデアを生みだすきっかけになる。**脳は他の人たちのアイデアにさらされればさらされるほど、強い刺激を受けてますます興味深いアイデアを生みだす。**

すぐれたアイデアマンはこの原理を知っているから、膨大なアイデアをたえず見聞きして脳を鍛えている。彼らは他の人たちのすでに成功しているアイデア、実行されつつあるアイデア、生みだされたばかりのアイデアを積極的に学んでいる。

問題に取り組んでいるとき、できるだけ頻繁に他の人たちのアイデアにふれよう。そのつど、脳に刺激を与え、問題を新しい角度から見て成功する解決策を生みだすことにつながる。

脳にアイデアの猛攻撃を浴びせる

脳に刺激を与える最も効果的なテクニックのひとつが「アイデアの猛攻撃」である。このテクニックはかなり短時間で独創的なアイデアを効果的に生みだすのに役立つ。

2時間以内に同じ課題に関連した100のアイデアを調べ、それが自分の既存の事業や将来の事業にどのように応用できるか考えてみよう。

それらのアイデアの組み合わせや修正が、同じ課題を最も効果的に解決するのに役立つかどうか考えてみよう。

たとえば、自分の業界のウェブサイトを調べて、どのアイデアが自分のウェブサイトで使えるか考えてみよう。そのアイデアをどう修正すれば自分のビジネスに応用できるかを考えてみよう。

もしあなたが著者で、自著のタイトルを考案したいなら、該当するジャンルの１００冊の本のタイトルを調べて興味深いタイトルをつくり出すことを検討するといい。その際に思いついたアイデアをすべて書きとめよう。

新しいアイデアは古いアイデアをもとにしてつくられる。頭のなかに数百のアイデアを浮かべると右脳を強く刺激し、成功する事業のアイデアを短時間のうちに生みだすことができる。

「アイデアの猛攻撃」は最も効果的な創造的思考のテクニックのひとつであり、すぐれたアイデアをたくさん生みだすのに役立つ。そのうちのいくつかはあなたのビジネスを大成功に導くだろう。

アイデアの雪だるま効果

アイデアには雪だるま効果がある。どんなにばかげていて非現実的でも、何らかのアイデアを得たら、さらに突っ込んだアイデアが素早く浮かんでくる。

広告代理店の社長を務めるクリフ・アインスティーンは、「**アイデアを得る最高の方法は、アイデアを得ることである**」と言っている。

いったん課題や問題について考えると、最初のいくつかのアイデアがゆっくり浮かんでくる。そしてさらにアイデアがより簡単に浮かんできて、やがて非常に速く浮かんでくるので、それを記録するのが困難になるぐらいだ。

この驚異的なアイデアの流れを分析したり批判したりして止めてはいけない。潜在意識があなたに代わってやってくれたことに感謝し、それが生みだすアイデアをすべてすぐに書きとめよう。そのアイデアを分析して修正する機会はあとでいくらでもある。

思いついたすべてのアイデアを評価し尊重しよう。ばかげていて役に立ちそうにないアイデアが脳のなかの何かを誘発し、すぐれたアイデアを生みだす。

悪いアイデアというのはない。あるのは、「成功するアイデア」と「成功するアイデアにつながるアイデア」だけである。

STEP 17

雑談をしながらアイデアを磨く

17世紀から18世紀にかけてのイギリスの啓蒙時代に、それまでの千年間より大きな発展が科学、芸術、文学でなしとげられた。

興味深いことに、啓蒙時代の始まりは、コーヒーがイギリスにもたらされ、コーヒーハウスが全国的に人気を博した時期と重なる。

17世紀の初頭、イギリスでは水をそのまま飲むことが危険だったため、人びとは食事の際にビールかワインを飲んでいた。お察しのとおり、当時のカフェには酔っぱらいがたむろし、知的な会話をする雰囲気ではなかった。

ところがコーヒーと紅茶が普及すると、コーヒーハウスは科学者や芸術家、思想家が集まってアイデアを交換する場所となった。この雑談が科学、芸術、文学の突破口を開いたのだ。

多くのすぐれたアイデアは他人との雑談のなかで生まれる。あなたの粗削りなアイデアを聞くと、相手はそれにヒントを得て改良する。**お互いの考えを何度か交換しているうちに、あなたの粗削りなアイデアは研ぎ澄まされ、実行する価値のある貴重なアイデアとなる。**

潜在意識はアイデアのための種を生みだす。雑談はその種がすぐれたアイデアに成長するのをはぐくむ土壌である。

雑談をしているあいだに、科学、芸術、文学だけでなく事業も大きな発展をとげる。偉大なアイデアマンが積極的に雑談をして他の人たちとアイデアを共有するのは、お互いの考えを交換することが創造性を大きく伸ばすことを知っているからだ。

イノベーションが生まれるのは、人びとが廊下で出会って話したり新しいアイデアを共有するために夜の10時半に電話をしたりするときだ。

スティーブ・ジョブズ（アップルの創業者）

自分のアイデアに固執しない

昨年、自分の新刊書のカバーデザインのコンテストを開いたところ、23人の参加者から104のデザインが集まった。上位5つのデザインを妻に見せると、そのなかのひとつが他のどれよりもすぐれていた。

妻はそのデザインを指さし、「この表紙はすばらしいけれど、別の背景色を使ってフォントを少し変えれば、もっとよくなると思うわ」と言った。私はなるほどと思い、デザイナーに同じ表紙の複数のバージョンを作成するように頼んだ。そしてデザイナーが送ってくれた表紙のひとつが採用されて本が出版された。

多くの読者が「表紙がとてもすばらしい」という感想をメールで送ってくれた。

私を含めて全部で25人が本の表紙のデザインにかかわったわけだが、読者はそれを気にかけているだろうか。とんでもない。読者が気にかけているのは、表紙が魅力的かどうかということだけだ。

自分の脳だけですぐれたアイデアを生みだし、修正し、改良すべきだと考えているなら、自分の創造力を限定して損をしている。

自分の問題について他の人たちと話し合い、彼らの考え方やヒント、提案を幅広く検討しよう。もし私が自分の本の表紙のアイデアを生みだすために24人の力を借りなかったら、そのデザインは成功しなかっただろう。

すぐれたアイデアがすべて自分の頭に浮かんでこなくてもかまわない。最終結果がよければ、それでいいのだ。

自分の課題について多くの人の力を借りよう。その人たちはあなたのビジネスのアイデアの質を高めてくれる。

STEP 18

有望なアイデアを選んで実行する

膨大な数のアイデアを生みだして分析したなら、そのなかから最も有望なアイデアを選ぶ必要がある。そのための最も効果的な戦略は、アメリカのテレビ番組「アメリカン・ダンスアイドル」のなかで審判団が使っているやり方をすることだ。

もし出場者が明らかにいいなら、審判団は「君は第2ラウンドへの進出を果たし、ラスベガスへの切符を手に入れた」と言う。

もし出場者が微妙なレベルなら、審判団は「プロの振り付けができるかどうか調べるために、このあと簡単なテストをする」と言う。

もし出場者が明らかにダメなら、審判団は「君はこの番組にはまだ早い」と言う。

審判団はこの選考プロセスによって大勢の候補者から最も優秀な人材を短時間で選ぶことができる。

リストアップしたアイデアが「候補者」で、自分が「審判員」だと想像しよう。

そのアイデアが明らかにいいと判断したら、「すぐれたアイデア」と記入しよう。

そのアイデアが明らかにダメだと判断したら、「ダメなアイデア」と記入しよう。

そのアイデアが微妙だと判断したら、「興味深いアイデア」と記入しよう。


一つひとつのアイデアがどのカテゴリーに入るかを直感的に判断しよう。

たとえば、**もし新しい製品をマーケットに投入したいなら、顧客の立場に立って「自分ならそれを買うだろうか?」と自問しよう。**

もしその製品が自分でも気に入っているなら、他の多くの人もそれを気に入る公算が大きい。

「ダメなアイデア」と判断したら消去しよう。「興味深いアイデア」を将来のために保存しておくといい。それをさらに検証して修正したあとで、「すぐれたアイデア」のカテゴリーに移し替えることになるかもしれない。

「すぐれたアイデア」を選考プロセスの次のラウンドに移行しよう。

信頼する人を「アイデアパートナー」にする

アイデアパートナーとは、あなたが真っ先にアイデアを共有する人のことである。彼らは、あなたが気づいていない潜在的な問題点を指摘するだけでなく、それを改良する方法を教えてくれるかもしれない。波長が合い、一緒にいて楽しく、気兼ねなく話ができて、信頼できる意見を言ってくれる人を見つけよう。

たとえば、私はアイデアを生みだすと、それをまず妻と共有する。彼女はそのアイデアの感想を正直に言ってくれるから、彼女の意見はつねに聞く価値がある。彼女がアイデアを承認してくれたら、それがうまくいく確率が高いことは、これまでの経験で証明済みだ。

アイデアパートナーとなるのは、あなたの配偶者や友人、同僚、ビジネスパートナーなどだが、最も大切なのはその人と信頼関係があり、どんなにばかげたアイデアでも恐れずに共有できることだ。

ほとんどの人はアイデアを正直に批判しようとしないが、パートナーはそれをしてくれる。ほとんどの人は信頼できる意見を言ってくれないが、パートナーはそれをしてくれる。

世界屈指のアイデアマンは信頼できる仲間を持つことの重要性を理解し、彼らと良好な関係を築くことに何年も費やす。信頼できる仲間が「そのアイデアはすばらしい」と言ってくれたら、それは大勢の人に紹介する価値がある。

他の人たちの意見を参考にすることはもちろん大切だが、そのアイデアに関する最終決定は自分でくだそう。歴史上、自分以外の誰もそのアイデアに興味を示さなかったのに大成功を収めたケースはいくらでもある。

自分なりに分析して周囲の人の意見を聞いたら、最高だと思ういくつかのアイデアを実行して、そのなかのどれが有効かをマーケットに判断してもらおう。

リスクを減らしてアイデアを実行する

どんなにアイデアを分析し、周囲の意見をどれだけ聞いても、それが成功するかどうかを100%の確率で予測することは不可能である。毎年、多くの企業がすぐれているように見えるアイデアに投資して失敗し、莫大な損失をこうむっている。

一流のアイデアマンは「そのアイデアが有効かどうかの最終決定をくだすのはマーケットである。アイデアが膨大な時間とお金を投資するだけの価値があるかどうかを見極める最善の方法は、リスクを減らして実行することだ」と考える。

国際的なレストランチェーンを所有していて、新しいお菓子をメニューに加えたいと思っていると想像しよう。

まずひとつのレストランか町でそれを導入するといい。そのお菓子が人気を博せば、それを大々的に導入しよう。もしそれが人気を博さなければ、すぐに撤退すれば多くの時間とお金を失わずに済む。

アイデアを大きな規模で実行する前に試してみれば、失敗したときの損失を最小限に抑えることができる。

国際的なデザイン会社IDEOでは、従業員は製品のアイデアの試作品を頻繁に短時間でつくっている。

映像制作会社ピクサーでは、アニメーターが初期段階の作品をアニメーションのクルー全員に見せている。

自分のアイデアを小さな規模で試し、うまくいかないものをできるだけ早く失敗させることによって時間と経費を最小化しよう。

もしそのアイデアがテスト段階で失敗しなければ、より多くの時間とお金を投資すればいい。なぜなら、そのアイデアはあなたの会社を飛躍的に発展させる原動力となる可能性が高いからだ。

少しの時間とお金でいくつかのアイデアを実行して、そのなかのどれが生き残るかをマーケットに決定させよう。

テスト段階で失敗したアイデアはすぐに排除して、成功しそうなアイデアに投資しよう。この戦略は最小のリスクでビジネスを成功に導く。

失敗は創造的なプロセスに不可欠な要素であり、失敗するアイデアの数が多ければ多いほど、やがて成功するアイデアがより多く見つかる。

世界屈指のアイデアマンたちは他の人たちより失敗の回数が多いが、それらは小さくて許容範囲内である。

「100、20、5、1」のルール

いったん数百のアイデアを生みだしたら、あなたは「そのうちどれが成功するかどうやったらわかるか?」と尋ねるかもしれない。「100、20、5、1」のルールに従い、100のアイデアを見て、最も見込みのあるアイデアを20個に絞ろう。信頼する仲間と少数の潜在的顧客の意見を聞いたあとで、実行する価値のあるアイデアをさらに5つに絞ろう。5つのアイデアを実行に移せば、4つは失敗するか平凡な結果に終わるが、1つは成功を収める。

もちろん、100、20、5、1は大雑把な数字だが、ビジネスを成功に導く1つのアイデアを手に入れるのに要するアイデアの数はだいたいそんなものだと思ってほしい。ビジネスの歴史で最もすぐれたアイデアのいくつかは「100、20、5、1」のルールによって選別されたものだ。

STEP
19
生みの苦しみの壁を乗り越える

私たちは人びとが「うわぁ、すごい。それはすばらしいアイデアだ。新しい製品やサービスを買うのが待ち遠しい」と言ってくれるのを期待している。

しかし、**世界で最も画期的なアイデアですら、当初は酷評されて反対に遭ってきた。**たとえば、ラジオ、ビートルズ、電話機がそうだ。

1921年、デビッド・サーノフは仲間にラジオへの投資を呼びかけたが、誰もが「無線のミュージックボックスに商業的価値は見いだせない。不特定多数の人に送ったメッセージに誰がお金を払うのか」と切り捨てた。

ビートルズのオーディションのあと、デッカ・レコードの幹部はバンドのマネジャーにこう言い放った。

「エプスタインさん、悪いけど、われわれはこの若者たちのサウンドが好きになれない。グループサウンズはダメだ。とくにギター付きの4人組なんてもう終わっているよ」

電話機の特許を買い取ってほしいというアレクサンダー・グラハム・ベルの要望を検討したウェスタン・ユニオン電信会社の幹部は、こう書いている。

「電話機は電線を通じて話し声を伝えるという触れ込みだが、音声が弱くて非常に聞き取りにくく、発信者から受信者までのあいだに長い電線が使われると、その音声がさらに弱まることがわかった。技術的には、この機械が明瞭な音声を遠方に送信できるとは到底思えない。

ベル氏は電話機を全米の各都市に取り付けたいと思っているようだが、そんなアイデアはばかげている。第一、使者を電信局に派遣すれば、れっきとした書面を全米のどの大都市にも送れるのに、わざわざこんな不格好で非実用的な機械を使いたいと思う者がいるだろうか」

あなたは「なぜそんな展開になるのだろう？」と首をかしげるかもしれない。世界で最もすぐれたアイデアに対してですら、人びとが反対する主な理由は３つある。

まず、**人びとは未知のものをひどく嫌う。**サーノフの仲間と同様、ほとんどの人は製品が実用化されるまでその潜在性に気づかない。

だが、いったんそのアイデアが実用化され、初期の顧客から好評が得られると、それまで無視していた人たちは手のひらを返すように「そのアイデアはすばらしい」と言う。

次に、**多くの人は過去の経験にとらわれているため、過去にうまくいったことにもとづいて未来を予測する。**

たとえば、デッカ・レコードの幹部は人気が出なかった過去の４人組バンドをたくさん見てきたので、ビートルズが４人組であることに気づいたとき、「どうせこれもダメだ」と決めつけたのだ。

最後に、**多くの人はアイデアがうまくいかない理由にこだわる傾向があり、どうすれば**

それがうまくいくかとか、それがどんな潜在力を持っているかをあまり考えない。

電話機のアイデアと同様、その気になれば、ほとんどのアイデアについて「うまくいかない理由」はいくらでも見つかる。だから、世界で最も成功しているアイデアですら、最初は反対に遭うのだ。

アイデアを共有している人たちの意見を参考にしよう。しかし、世界的に人気を博しているアイデアですら、最初は反対に遭ったことを覚えておく必要がある。

アイデアの価値を信じているなら、他の人たちが何を言おうとそれを実行しよう。そうしなかったことを後悔して残りの人生を送るのを避けるために。

製品開発というのはじつに難しいものだ。

多くの人は、はっきりと形にして見せられるまで自分が何を欲しているかをわかっていないのだから。

スティーブ・ジョブズ（アップルの創業者）

たとえあなたがすぐれたアイデアを持っていても、99%の人はなぜそれがよくないのか、いままでどうやってきたのか、あなたがなぜ大失敗することになるのかを指摘する。

あなたは「なんと言われようと、とにかくやってみよう」と自分に言い聞かせて自分の道を突き進む必要がある。


リチャード・ブランソン（ヴァージン・グループの創業者）

粘り強く取り組め。創造的思考はマラソンだ

１９７９年、ジェームズ・ダイソンは上等の掃除機を買ったが、使ってみると、すぐに詰まって吸引力を失ってしまうので不満を感じた。彼はこの問題に興味を抱き、ワクワクしながら「家のなかをもっと効率よくきれいにできる掃除機を開発する」と決意した。

美術の教師として働いていた妻の給料と銀行からの借入金のおかげで、ダイソンは掃除機の開発に5年近い歳月を費やし、５１２６の試作品で失敗を重ねてようやく紙パック不

要のデュアルサイクロン掃除機を発明した。

ダイソンはイギリス国内のどのメーカーも自分の技術に興味を示さず、どの小売店も無名のブランドの製品を扱いたがらないことに気づいた。

それらの障害を取り除くアイデアをさらに生みだしたあと、日本で掃除機のカタログ販売をやったところ大成功を収めた。数年後、デュアルサイクロン掃除機が世界中で大人気を博し、彼は億万長者になった。

経済誌「フォーブス」のインタビュー記事のなかで「あきらめようと思ったことはあるか?」と問われ、ダイソンはこう答えている。

「そんなことはもう日常茶飯事です。しかし、私は学生時代に長距離走をやっていて、1500メートルから16キロメートル(10マイルロードレース)まで走っていました。ただし、学校ではそれ以上の距離を走らせてくれませんでした。途中で死んでしまうと考えられていたからです。私は10マイルロードレースが得意でしたが、それは肉体的に強かったからではなく、精神的に強かったからです。その経験から決意の大切さを学びました。

しかし、もっと大切なのは、ペースダウンしたくなる瞬間こそペースアップすべきだと学んだことです。長距離走では必ず苦しみの壁にぶつかります。同じことが研究開発に取り組んでいるときや起業をするときにも起こります。そんなとき、もう少し辛抱すれば、立ちはだかっている壁をよじ登ることができます」

もちろん、ほとんどのアイデアマンはジェームズ・ダイソンほど多くの失敗や困難を経験しないが、それでも苦しみの壁にぶつかる。

もし「ずっと事業にたずさわると決めているから、夢をかなえるまで苦しみに耐える覚悟ができている」と自分に言い聞かせるなら、あなたは大成功を収めるだろう。

成功はダメな教師だ。利口な人をそそのかして、自分は負けるはずがないと思わせてしまうのだから。

ビル・ゲイツ（マイクロソフトの創業者）

STEP 20

創造性の筋肉を鍛え続ける

中学1年のとき、数学の教師は私の母に「お宅の息子さんは数学の成績が非常に悪いですね。はっきり言って、数学は向いていないかもしれません。学年末に進路を変えたほうがいいように思います」と言った。

一方、クラスメートのピーターは数学の才能に恵まれていて、他の誰よりもはるかに成績がよかった。彼は難問を易々と解き、先生から「数学の申し子」と呼ばれていた。

中学2年のとき授業中のある出来事がきっかけで、私は急に数学に興味を持つようになった。時間があれば数学の勉強に励み、学年末にはピーターに次いで2番目の好成績を収めた。

中学3年のときピーターはギターに興味を抱いてバンドを結成し、数学の勉強をおろそかにした。学年末に私はついに彼を追い抜き、全校で最も数学ができる生徒になった。

その後、高校に入ってからも数学の勉強に毎日少なくとも4時間を費やし、年度末には数学の成績がウクライナで上位100位に入った。

たしかにピーターは私よりもはるかに数学の才能があったが、私のほうがはるかに猛勉強をした。もし彼が私の半分の時間を数学の勉強に費やしていたなら、私よりもずっといい成績を収めていただろう。その後、ピーターはどうなったかというと、ウクライナの人気バンドでギタリストとして活躍するようになった。


誰かがマラソンを3時間以内で完走したら、人びとは「うわぁ、マラソンの天才だ」とは言わず、「きっとあの人は猛練習をしたに違いない」と言う。

ところが、世界有数のアイデアマンについて話すとき、人びとはたいてい「うわぁ、彼らは天才だ。自分にはあんなにすごいアイデアを生みだすことはできない」と言う。

世界有数のアイデアマンが成功するアイデアを生みだせるのは、彼らが天才だからではなく、アイデアについてたえず考えていて、「創造性の筋肉」を他の人たちより鍛えているからだ。

もしあなたがアイデアを頻繁に生みだす練習をすれば、創造性の筋肉が強化されるから、生まれつき才能のある人たちよりすぐれたアイデアを生みだせるようになる。

数年間、マラソンのトレーニングをすれば、才能があるのにトレーニングをしなかった人たちより好成績を収めることができる。**毎日、創造性の筋肉を鍛えれば、天性の才能があるのに訓練をしない人たちよりもすぐれたアイデアを生みだすことができる。**

腕立て伏せの練習をすればするほど、腕立て伏せが何度もできるようになる。同じことがアイデアについてもあてはまる。

創造的思考の練習をすればするほど、質の高いアイデアがより速く浮かぶようになる。アイデアを生みだす練習を積み重ねれば、数年後には「天才的なアイデアマン」と呼ばれるようになるかもしれない。

大多数の人は潜在意識に課題を与えることがめったになく、自分の創造性の筋肉が弱いことに気づくと、「自分は創造的なタイプではない」と思い込む。ちょうど「私は年に2、3回しか運動せず、腕立て伏せを5回ぐらいしかできない。どうやら自分には腕立て伏せの才能がないようだ」と言っているようなものだ。

人気作家は年に約5冊の小説を書く。なぜ彼らはそんなに生産的なのか。毎日、書いているので、創造性の筋肉が鍛えられているからだ。

すぐれたアイデアマンになりたいなら、創造性の筋肉をたえず鍛える必要がある。毎日、アイデアについて考えれば、天性の才能を持っている人よりすぐれたアイデアを生みだすことができる。

たしかにどの子どもも豊かな想像力を持って生まれている。しかし、筋肉を使わなければ衰えるのと同様、子どもの豊かな想像力も使わなければ、年齢を重ねるにつれて衰えていく。

ウォルト・ディズニー（ディズニーランドの創始者）

才能よりも努力と継続

フロリダ州立大学の心理学者アンダース・エリクソン教授は、ベルリン音楽アカデミーで学んでいる20代前半のピアニストとバイオリニストを研究した。

彼は音楽の教授に頼んで学生たちを3つのグループに分けた。世界的なソロの演奏者になる可能性が高い傑出した学生、世界有数のオーケストラに入る可能性が高い優秀な学生、音楽の教師になる可能性が高い普通の学生である。

エリクソン教授は、どのグループも似たような要素を持っているが、際立った違いは練習時間であることを発見した。

20歳になるまでに、傑出した学生は平均1万時間におよぶ練習をしていたが、優秀な学生は8千時間、普通の学生は4千時間しか練習していなかった。

音楽の方面で傑出した学生は平均1万時間の練習をしていたし、少なくとも1万時間の音楽の練習をした人は傑出した成果を上げていた。

さらにチェス、ダンス、セールス、科学の分野でも傑出している人は、才能よりも1万時間の練習が決定的要因になっていることがわかった。

エリクソン教授は「**傑出した人と普通の人の違いは、パフォーマンスを向上させるために粘り強く努力を継続しているかどうかだ**」と主張している。

同じことが創造性にもあてはまる。

アイデアを思いつく経験を積めば積むほど、脳はつながりをつくって成功するビジネスのアイデアをより速く生みだす。傑出したアイデアマンになるためには、アイデアをたえず思い浮かべる習慣を身につける必要がある。

アイデアを生みだす練習は、チェスやピアノ、バイオリンの練習よりもやさしい。なぜなら、思考の大半は意識的に考えていないあいだに創造的な右脳でおこなわれるからだ。

しかし、創造的な右脳を活性化させるためには、人生を向上させるようなアイデアを頻繁に少なくとも15分は思い浮かべる必要がある。

創造的な思考を練習すればするほど、すぐれたビジネスのアイデアを思いつく時間が短縮され、そのプロセスがますます楽しくなる。

しばらくすると、あなたは一流のアイデアマンとなり、すぐれたアイデアがいくらでも浮かんでくるようになる。

おわりに

あなたが生みだすアイデアの量と質を飛躍的に改善するためには、本書を読むだけでは十分ではない。本書の原理を日ごろの習慣に組み入れる必要があるからだ。

以下に列挙するのは、アイデアを生みだす7つの最も基本的な原理である。それを紙に書いて仕事場の机やベッドのそばに貼っておくといい。

これからの3週間、この原理を活用しながら一日15分から30分、アイデアを思い浮かべよう。それは事業を発展させ、夢を現実にし、人生をよりワクワクする冒険にするのに役立つ。3週間後には創造性がかなり高まっていることを約束しよう。

1　原材料を集める

新しいアイデアは他のアイデアを組み合わせたものか修正したものである。他人のアイデアについて知り、人生経験を積めば積むほど、独創的な原材料をたくさん集めることができる。

独創的な原材料を集めれば集めるほど、潜在意識はより多くの組み合わせをつくり、価値のある斬新なアイデアを思いつく。

2　潜在意識に課題を与える

潜在意識はアイデアを生みだす精密機械だが、課題を与えなければ怠けてしまう。潜在意識にたえず考えるための質問を投げかければ、アイデアの量と質は飛躍的に高まる。

3　アイデアの分析と生産を分ける

アイデアを分析しているとき、分析的な左脳が超高速の創造的な右脳の思考回路を停止させてしまう。創造的な右脳を機能させるためには、アイデアの分析と生産を分ける必要がある。

4　考えて休む

最も効果的な方法は、問題について長く考え、それについて忘れて休み、再びその問題についてしばらく考え、それについて忘れることだ。

その問題について考えていない熟成期間は、潜在意識が無数の思考とアイデアの組み合わせを処理するうえで欠かせない。しかし、潜在意識に課題を与えるためには、しばらくその問題について意識的に考える必要がある。

5　多くのアイデアを生みだす

創造的な思考では量は質に匹敵する。すぐれたアイデアを単独で生みだすことはできないが、多くのアイデアを生みだして、そのなかからひとつか複数のすぐれたアイデアを選ぶことならできる。

6　楽しむ

潜在意識が最も効果的に考えるのは、自分が楽しんでいるときである。深刻になっていると、ほんとうに独創的で価値のあるアイデアを生みだす可能性は非常に低い。

7　信念と願望を抱く

自分は画期的なアイデアを生みだすことができるという信念を抱き、それをしたいという強い願望を抱こう。そうすれば、画期的なアイデアが次々と浮かび、遅かれ早かれ問題は解決できる。

以上の7つの原理を自分の日常の習慣に組み込んだら、本書を何度も読んでさまざまなテクニックを実践しよう。多くのアイデアを生みだす練習を1年もすれば、創造性の面で一流のレベルに到達する。

すぐれたアイデアを次々と生みだし、夢をすべて実現するうえで、本書がお役に立つことを願ってやまない。

アンドリー・セドニエフ

IDEA FACTORY
頭をアイデア工場にする20のステップ

発行日　2017年4月20日　第1刷

Author	アンドリー・セドニエフ
Translator	弓場隆
Book Designer	佐藤直樹＋遠藤幸（Asyl）
Publication	株式会社ディスカヴァー・トゥエンティワン 〒102-0093　東京都千代田区平河町2-16-1平河町森タワー11F TEL　03-3237-8321（代表） FAX　03-3237-8323 http://www.d21.co.jp
Publisher	干場弓子
Editor	藤田浩芳　原典宏
Marketing Group Staff	小田孝文　井筒浩　千葉潤子　飯田智樹　佐藤昌幸　谷口奈緒美 西川なつか　古矢薫　原大士　蛯原昇　安永智洋　鍋田匠伴 榊原僚　佐竹祐哉　廣内悠理　梅本翔太　奥田千晶　田中姫菜 橋本莉奈　川島理　渡辺基志　庄司知世　谷中卓　小田木もも
Productive Group Staff	千葉正幸　林秀樹　三谷祐一　石橋和佳　大山聡子　大竹朝子 堀部直人　林拓馬　塔下太朗　松石悠　木下智尋
E-Business Group Staff	松原史与志　中澤泰宏　中村郁子　伊東佑真　牧野類　伊藤光太郎
Global & Public Relations Group Staff	郭迪　田中亜紀　杉田彰子　倉田華　鄧佩妍　李瑋玲　イエン・サムハマ
Operations & Accounting Group Staff	山中麻吏　吉澤道子　小関勝則　池田望　福永友紀
Assistant Staff	俵敬子　町田加奈子　丸山香織　小林里美　井澤徳子　藤井多穂子 藤井かおり　葛目美枝子　伊藤香　常徳すみ　鈴木洋子　住田智佳子 内山典子　谷岡美代子　石橋佐知子　伊藤由美　押切芽生
Proofreader	鴎来堂
DTP	RUHIA
Printing	三省堂印刷株式会社

ISBN978-4-7993-2056-3